本书编委会

主　　任：吴卫红
副 主 任：肖申华
成　　员：周伟辉　梁宣旗　黄仲芳
　　　　　陈伟强　吴鹏举
主　　编：黄仲芳　陈伟强
副 主 编：陈了铭　韩志忠　沈健鸿
编　　辑：刘懋睿　吴　为　林立峰
　　　　　洪爱娜　黄妍婷　沈　婷
　　　　　方奕阳　金　斌　王进贵
　　　　　黄文卿　王凯瑛

组织编写单位：

中共漳州市委宣传部、漳州市公安局

永做"人民的保护神"
——新时代"漳州110"纪事

中共漳州市委宣传部 编

海峡出版发行集团 | 海峡文艺出版社

图书在版编目(CIP)数据

永做"人民的保护神":新时代"漳州110"纪事/中共漳州市委宣传部编.—福州:海峡文艺出版社,2022.12
ISBN 978-7-5550-3290-8

Ⅰ.①永… Ⅱ.①中… Ⅲ.①公安工作—漳州—文集 Ⅳ.①D631-53

中国版本图书馆CIP数据核字(2022)第252718号

永做"人民的保护神"
——新时代"漳州110"纪事

中共漳州市委宣传部 编	
出 版 人	林 滨
责任编辑	邱戊琴
出版发行	海峡文艺出版社
经 销	福建新华发行(集团)有限责任公司
社 址	福州市东水路76号14层
发 行 部	0591-87536797
印 刷	漳州市正华网印有限公司
厂 址	漳州市芗城区涂岭村(漳华路边)一、三楼
开 本	720毫米×1010毫米 1/16
字 数	158千字
印 张	12.75
版 次	2022年12月第1版
印 次	2022年12月第1次印刷
书 号	ISBN 978-7-5550-3290-8
定 价	88.00元

如发现印装质量问题,请寄承印厂调换

序

吴卫红

有一种荣耀，叫"人民的保护神"。这是对一个集体三十年如一日的恒心的褒奖。这个集体，叫"漳州110"。

在春风吹拂的改革开放初期破茧而出，在激情燃烧的新时代绚丽绽放，尽管世纪变迁，岁月更迭，在老百姓心中，"漳州110"这个闪光的名字，始终如一，不曾改变。

"漳州110"的故事，在百姓中传扬。初生的婴儿、病危的老人、遇险的路人、涉世未深的少女、落入困顿的异乡人……许多人在生命黯淡时刻得到他们的帮助，并由此走向敞亮的那一天。在百姓眼里，他们是扶危救难的一群人，总在人们最需要时出现。一声声焦虑的呼唤，一声声温暖的应答；一次次无须思索的求助，一次次毫不迟疑的出发……年轻的民警追风而至，鲜红的袖标，把他们渲染成城市的一道亮丽风景。

他们是群众爱戴的城市英雄，万家灯火，写着他们的故事；百姓日常，记着他们的点滴。"远亲不如近邻，近邻不如110。"这份纯朴的情感，从过去流传到今天，暖和如惠风，洋溢着真诚、善意与人间美好，大写着初心、使命与时代担当。

人间烟火百姓情，"漳州110"的故事，浓墨重彩地写着一个"情"字，这"情"，是一个光荣集体对百姓的温情守望，也是一方土地、一群百姓对这个光荣集体的深情厚谊。三十年相沫与共，三十年同生共荣，镌刻下这岁月荣光，凝聚成这蓬勃力量，塑造出这闪亮品牌：漳州，"漳州110"；人民，"人民的保护神"。

"漳州110"的故事，是属于我们这个时代的故事，伴随着我们的情感与精神的成长。这是一场充满着温暖与力量的接力，当初心成为牢固的信念，信念成为必须赓续的传统，传统与革新相辅相成，充满青春活力、理想感召的时代楷模应运而生。

是什么使"漳州110"这一品牌历久弥新？！寻找"漳州110"的成长轨迹，我们深刻地感受到了这个集体不断革新的强大内在动力。质量变革、效率变革、动力变革，"再快一秒"的极致，来自对生命的珍视和对创新的孜孜以求。对"漳州110"来说，一切创新都来自对人民的情感，一切创新都在诠释"人民至上"的理念，一切创新都是对百姓的安全感、幸福感的执着和追求。生逢盛世，唯有与时俱进，不断创新，才能不负时代，不负人民。

"漳州110"先进事迹日益显现出非凡的历史意义和现实影响，引领社会风气，优化社会治理，构建社会和谐，激发社会共情，呼唤社会各界一起向未来。随着"民生110""社区（乡村）110"等服务品牌的衍生，"漳州110"的先进事迹，作为新时代社会主义文明实践的一部分，正在转化为城市稳步发展的内在动能。

"漳州110"形象已经成为漳州人民的集体记忆。三十年的时间，参与和见证国家所发生的巨大变化，"漳州110"升华为城市的一种精神载体和文化标识，正在释放出社会正能量和文化吸引力。

"漳州110"先进事迹书写于平凡的世界里，紧贴着百姓日常生活，形成感召社会的磅礴力量。这是一群平凡的英雄，不忘初心、心系人民，仰望星空、脚踩大地，激励人民为实现中华民族伟大复兴的中国梦和"两个一百年"奋斗目标砥砺前行。

擎起光荣的旗帜，凝聚强大的力量，奋进新征程，建功新时代。在深入学习宣传贯彻党的二十大精神之际，通过聚焦"漳州110"的真实故事，进一步发掘"漳州110"的精神内涵，链接时代脉动和人民心声，激发漳州人民与伟大时代同频同心、与伟大征程同向同行，为全方位推进高质量发展超越、加快建设现代化滨海城市提供源源不断的精神源泉。

人间烟火，江河远阔。非凡事业，源于百姓的滋养；所有努力，都是为了守住人民的心。

2022 年 12 月

目 录
Contents

一、永做"人民的保护神"
永做"人民的保护神" 2

二、非凡时代　平凡英雄
薪火相传　接力荣光 24
"漳州110"的"变"与"不变" 39
守护万家灯火璀璨 44
"保护神"的速度与温情 53
传递温暖与力量 61

三、共同奋进新征程
做好"警中警"　护好"警队林" 68
让"最强大脑"更智慧高效 71
"漳州铁骑"　硬核守护 74
全力筑牢治安"防护墙" 77
做捍卫群众安全的尖刀利刃 80
坚决筑牢全民禁毒防线 83
构建网上网下"同心圆" 85

架起警民"连心桥" 88
　　用科技守护一方平安 90
　　让大数据"开口说话" 92
　　当好群众的"反诈卫士" 95

四、守的是人民的心
　　人间烟火百姓情 100
　　有种默契叫并肩战斗 107

五、共创美好的时代
　　共创美好的时代 118

六、百姓不会忘记
　　文件篇 128
　　要闻集 145
　　荣誉榜 177
　　大事记 182

① 永做"人民的保护神"

1996年9月18日,时任福建省委副书记的习近平同志给予"漳州110""人民的保护神"的高度赞誉,为队伍的进一步建设发展指明了前进方向,进一步淬炼铸就了"漳州110"的忠诚警魂。从此,一代又一代"漳州110"人把"人民的保护神"作为信仰使命和前进动力,更加坚定革命化的建队方向,始终把党性至上、对党忠诚、听党指挥作为最忠贞的信念和特质,统领着队伍发展前行,打造形成了"以人民为中心,做人民的保护神"的新时代"漳州110"的精神核心内涵。

永做"人民的保护神"

在九龙江畔,"漳州110"事迹展览馆前,矗立着一座巨型浮雕墙,墙上镌刻着一行刚劲有力的大字:人民的保护神——漳州110。

"漳州110"诞生于龙江大地,从改革开放初期走来,一代又一代"漳州110"人不忘初心、薪火相传、接力荣光,推动"110"成为人民警察的标志性品牌,使"漳州110"成为人民公安队伍一面高高飘扬的旗帜。

"漳州110"是福建省漳州市公安局巡特警支队直属大队的简称,其前身是成立于1986年的漳州市公安局芗城分局治安巡逻中队,是习近平同志在福建工作期间多次关心培育的基层公安机关的先进典型代表,是全国公安机关最早实行警务机制改革的基层单位。1990年,其引领全国建立110报警服务台和快速反应机制,实行巡逻与接、出、处警一条龙服务的警务机制,开创警务改革先河。1996年8月,公安部在漳州召开现场会总结推广其先进经验,推动全国各地开通110报警服务台。1997年11月,国务院授予其"人民的110"荣誉称号。习近平同志在福建工作期间,多次亲临考察指导,并赞誉其为"人民的保护神"。2021年首个中国人民警察节,中宣部授予其"时代楷模"荣誉称号。

"人民的保护神""人民的110",这是一支怎样的队伍,可以赢得如此崇高的赞誉和褒奖?

永做"人民的保护神"

忠诚——永恒不变的底色

"漳州110"建队于1990年改革开放的初期，成长于社会各种思潮相互碰撞的大背景下，当时社会上各种观念和利益追求多样化、片面化，不同程度影响着队员们的思想。在这种复杂的背景下，"漳州110"的创建者郭韶翔坚定革命化的建队方向，把政治建警摆在首位。针对队伍年轻化、来源多样化的特点，他们学习继承革命优良传统，实行革命化教育、正规化建设、军事化管理，从一开始就定位于打造一支听党指挥、纪律严明的警察队伍。

1996年9月18日，时任福建省委副书记的习近平同志给予"漳州110""人民的保护神"的高度赞誉，为队伍的进一步建设发展指明了前进方向，进一步淬炼铸就了"漳州110"的忠诚警魂。从此，一代又一代"漳州110"人把"人民的保护神"作为信仰使命和前进动力，

永做"人民的保护神"

更加坚定革命化的建队方向，始终把党性至上、对党忠诚、听党指挥作为最忠贞的信念和特质，统领着队伍发展前行，打造形成了"以人民为中心，做人民的保护神"的新时代"漳州110"的精神核心内涵。时至今日，"漳州110"当好"人民的保护神"已经成为全国公安机关维护治安、服务人民的一面旗帜。

谈心谈话制度是"漳州110"坚持了30多年的好制度。"漳州110"经常利用上岗前、岗亭里、警车上、训练时开展谈心交心活动，坚持家访走访，持续跟踪解决问题、困难，确保思想政治工作落深落细落实；进入新时代，他们还创新"微党课""微警讯"等"互联网+"党建工作模式，规范14项党内生活制度，把党建融入民警工作、生活，实现党建工作规范化、可视化、常态化，有效提升党建工作质效。经过多年的坚持，目前，他们已建设形成入队民警"一人一档"思想状况档案，做到一人一档、一人一策、一事一研判，时时为每一名民警拧紧和把牢思想的"总开关"，确保理想之舵永不偏航。

忠诚是发自内心的信仰认同，更需要长期不懈的培塑与践行。参观"漳州110"事迹展览馆是每名新警入队的第一课，走进展览馆，"人民的保护神"和"人民的110"两行大字立刻映入眼帘，在潜移默化的培养中让全体队员明白这支队伍从哪里来，要到哪里去，扣好从警的第一粒扣子。多年来，"漳州110"始终坚持用党章规范约束言行，烙深"红色"印记，他们以支部为单位定期组织"政治生日会"，通过重温入党誓词、参加红色教育、再读入党志愿书、缅怀英模先烈等形式，让"过生日"的党员再忆入党初心，传承红色精神，不断树牢"不忘初心"的党性理念。他们还坚持以崇尚荣誉为牵引，充分利用"七一""漳州110荣誉日""整训会"等专题活动日，通过"戴党徽""唱红歌""颁奖状""提要求"等环节，大力宣传典型、表彰先进，营造"争先进、当先锋、夺第一"浓厚氛围，激发党员队伍

永做"人民的保护神"

拼搏进取、爱党护旗热情。自收看党的二十大开幕盛况以后,"漳州110"全体队员行动迅速,认真学习、深刻领会,以高度的政治责任感和强烈的历史使命感,掀起了学习宣传贯彻党的二十大精神热潮,自觉将学习成果转化为维护核心的高度自觉、武装头脑的锐利武器、增强本领的重要法宝、推动工作的强大动力。

党员干部的突击攻坚和先锋模范作用在"漳州110"体现得特别明显,在长期的实践中,他们确立了独有的"三先"原则,即:急难险重,领导干部抢先;遵规守纪,党员干部率先;立功受奖,群众民警优先。在以上率下、言传身教中,进一步坚定全体队员听党话、跟党走的决心信心,做到"漳州110"到哪里,旗帜就插到哪里。抗击新冠疫情期间,"漳州110"百余名民警第一时间主动请缨提交请战书,组建"漳州110党员突击队""抗疫先锋队""社区服务队"等,在漳州定点隔离医院封控区域和社区街道等疫情防控一线防风险、护安

永做"人民的保护神"

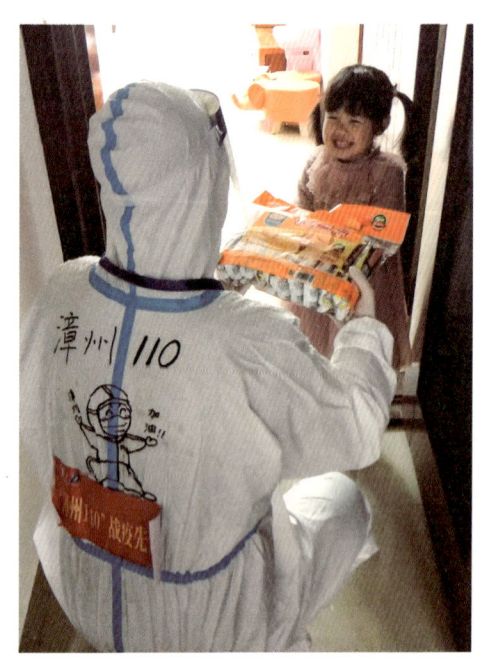

全、战疫情、保稳定,积极主动守护人民群众的身体健康和生命安全,以实际行动践行对党忠诚、服务人民。2022年3月,疫情再度来袭,"漳州110"成立"E疫零"社区服务队,进社区开展便民服务。借助无人机警航空中战队,连续转战5个疫情防控重点地区,累计飞行1100余架次,高效完成各封(管)控区域正射影像摄制、宣传劝导、空地巡控和"点对点"应急物资投送等工作。

铁的队伍必须有铁的纪律规矩约束。"漳州110"从建队之初就定下37条"铁规",响亮提出"说情者止步""不抽一支烟,不收一分钱"等要求,发展到现在5大纪律110条规定,把纪律规矩挺在前面已经成为"漳州110"带队伍、抓作风的第一选择。小到鞋尖的对齐、牙刷的摆放、袜子的颜色,细到民警枪支的发放受领、辅警的管理标准,从细抓起、从严抓起,第一时间培养好每名民警的规矩意识、纪律意识成为"漳州110"抓队伍建设的"法宝"。通过抓点滴促养成,抓养成促作风,抓作风促纪律,抓纪律促战斗力,建队至今,"漳州110"保持着47批次564名民警零违纪违法的骄人纪录,共有132人次立功受奖,其中一级英模1人、二级英模5人次、一等功6人次,涌现出一级英雄模范郭韶翔、二级英雄模范张志民、戴文辉、陈伟强等一大批先进典型,"漳州110"被誉为人才培养的基地和摇篮,成永做"人民的保护神"

为人民心中"工作最苦、坏人最怕、百姓最爱、形象最佳"的先锋警队。不论时代如何变迁,"漳州110"建队之魂永不改变,他们忠诚使命、挺立潮头,在峥嵘岁月中承载人民的重托,在砥砺奋进中书写辉煌的篇章,在时代发展中焕发崭新的风采。

为民——队伍传承的本色

在"漳州110"诞生的那个年代,面对经济社会高速发展,社会转型期的各种阵痛逐渐显现,党群关系、警民关系需要进一步改善。此时,"漳州110"主动作为,勇当先锋,把服务思想植根于公安工作和队伍建设中,走出一条维护治安与服务群众并重的新路子。

1990年,为扭转"110"这个号码不被群众熟知和信任、一年有效报警数仅39起的尴尬局面,时任芗城分局治安巡逻中队负责人郭韶翔主动申请将设在漳州市公安局芗城分局刑警队的110盗警电话移到治安巡逻中队,并更名为"110报警台",同年12月5日改为"110报警服务台",增加了为人民群众服务的功能。"服务"二字,重若

永做"人民的保护神"

千钧!同时,为了让更多的老百姓知道有这样的服务号码、有这样为群众服务的警察,他们还在1991年元月5日、6日两天,在漳州电视台做了个广告——"一个电话使您满意"。这些当时在全国范围内都是具有开创性意义的举动,最终让110从不出名到出名、让老百姓从不信任到信任、让同行从不理解到理解。

推广"110"电话,工作只能算完成了一半,更重要的是电话这头要有一支真正为民服务的队伍,"两件小事""一场大讨论"让"漳州110"确立了为民初心。建队伊始,"漳州110"曾经接到两个特殊的报警电话,分别是一名孕妇凌晨求助送往医院和一名女工深夜求助送其回家,出警后大队内部议论纷纷,警察的职责到底是什么,打击违法犯罪与护送孕妇、女工是否矛盾。为此,大队开展了一场"假如产妇和女工是你妻子或妹妹"的换位思考大讨论,达到思想高度统一:作为中国共产党领导下的人民警察,服务百姓,理所当然!从"两件小事"和"一场大讨论"出发,"漳州110"就此树立了"人民的困难就是我们的困难,人民的满意就是我们最大的心愿"的建队初心。

在"漳州110"事迹展览馆,珍藏着三面"人民的110"锦旗,三面锦旗一脉相承,从人民和组织层面代表着对"漳州110"为民精神的认可。1995年春节,群众叶炳松骑摩托车与他人相撞晕倒在地不省人事,"漳州110"及时将其送到医院抢救,挽回了一条性命。事后叶炳松满怀感激,专门送了一面"人民的110"锦旗,而这面锦旗后来成为"漳州110"为民服务精神的象征。国务院、福建省委省政府在表彰"漳州110"时非常认可这个提法,于是便以"人民的110"命名表彰"漳州110"。

不忘初心,方得始终。30多年来,"漳州110"一路秉持初心、坚守前行,始终把"群众支持不支持、满意不满意、答应不答应"作为一切工作的出发点和落脚点,从最基础的接警、派警、出警、处警

永做"人民的保护神"

着手,最大限度主动预警、精准布防、止于未发,给予人民群众实实在在的安全感;坚持警务围着民意转,努力为民办实事解难题,千方百计为群众纾危解困,不断增强群众幸福感;坚持"快速反应、追赃挽损",不断提升警务效能,实现更快破案、更多挽损、更好服务,让人民群众获得感更足更充分。

"远亲不如近邻,近邻不如漳州110",这句亲切的话语既是人民对"漳州110"的高度赞誉,也是"漳州110"自身的真实写照。不管是处理家庭矛盾、邻里纠纷,还是救助醉酒人员、劝阻噪音扰民,"漳州110"始终坚持抓住发生在老百姓身边的闹心事、烦心事、揪心事,用真心、真诚倾听群众心声,沟通化解矛盾解决问题,倾力为群众办小事、帮小忙、解小忧。面对轻生救援、紧急送医、火灾事故等关系群众安危的紧要关头,"漳州110"人敢于挺身而出、无畏艰

永做"人民的保护神"

险、冲锋在前。芗城区待御新村地处低洼地，每次下暴雨都是受灾点。2006年5月，超强台风"珍珠"正面袭击漳州。狂风暴雨下，待御新村数十名群众被积水围困。"漳州110"队员逆水前行，一个不落下，将群众一一救出。11年之后的2017年6月2日，漳州市区白昼如夜，电闪雷鸣，下起了瓢泼大雨，3小时内降雨量达100毫米，芗城区待御新村多处房屋被积水包围，面对狂风骤雨，又是"漳州110"的队员们或背或抱或扛，连续作战，最终将所有受困群众转移至安全地带。获救群众夸赞："漳州110"还是一样好！

2021年9月起，"漳州110"紧紧围绕党史学习教育"我为群众办实事"实践活动，科学安排警力，主动加强校园及周边治安、交通管理，启动"护学岗"公益活动，通过定点值守、巡逻防控、疏导分流，与学生同步上下学，实现了在上下学高峰时段在校门口及周边区域"见警察、见警车、见警灯"，有效预防了各类涉校治安问题的发生，确保学校周边安全、畅通、有序，为学生"站"出安全，为家长"站"出放心。

"做一两件好事没什么，关键是一辈子为人民服务"，这是"漳州110"每名队员坚守的做人、为警的根本道理，32年来他们守的正是人民的心，从而让"漳州110"为民服务的内容在一代又一代的更新升级后拓宽覆盖，为民服务的精神在一波又一波的创新发展中血脉相传。群众的眼睛是雪亮的，百姓的感谢是热忱的，2016年以来，群众向"漳州110"送来锦旗及感谢信1355面（封），对接处警满意率始终保持100%。

创新——改革发展的主色

从时间长河上俯瞰"漳州110"的发展足迹，你会发现这支队伍

永做"人民的保护神"

改革的步伐从未停歇。1990年,作为110接处警工作的探索者、先行者,"漳州110"首创110报警服务台快速反应机制,开创维护治安与服务群众并重的先河。1996年建立全天候巡防网络,变坐等接处警为就近接处警。2000年实施巡指分离,完善点对点、扁平化指挥,建立"点、线、面"立体化巡防机制,为之后警务发展奠定了坚实的基础,开启了现代警务之路。此后,又率先实行110、119、122"三台合一",创新"海上110",率先实现110指挥体系"海陆并网",使110外延不断拓展,与群众联系更加紧密,反应更加迅速。2012年综合警务改革,变"警种110"为"全警110"。2016年着力打造"漳州110"升级版,探索构建了"主动预警、精细布警、多维接警、动中处警和智能化指挥、精准化服务、标准化执法、专业化建设"的"四警四化"警务新机制,为警务工作迈向现代化做出大胆尝试。

"止于未发就是对人民最好的保护",2016年以来,"漳州

永做"人民的保护神"

110"逐步探索推行的"四警四化"警务机制,就是为了解决怎样让接处警更快更灵,达到止于未发的目的。该机制在全省乃至全国得到推广。通过"四警四化",建立健全语音、图文、视频、定位、技防等多维接警方式,群众能够根据实际情况和个性需求快速找到报警渠道,在路面动中备勤巡逻的民警也能够最快地赶到事发现场。不管群众采用什么方式报警,警务资源都会第一时间快速运转,为老百姓提供服务。

2018年12月26日深夜,"漳州110"接群众报警称在某小区茶叶店,有男子醉酒持刀砍人。接警员立即通过对讲机指令该路面网格"漳州110"梯队前往处置,附近的两个梯队也第一时间向事发地点靠拢合围,仅用时2分45秒,就将持刀伤人嫌疑人抓获控制,避免群众受到伤害。老百姓纷纷称赞110就好像"神兵天降",让大家安全感满满!

推行"四警四化"机制以来,通过加强预警感知,充分发挥巡警这支专业警种优势,把警力最大限度摆上街道和路面,全面加强社会面巡逻防控和重点区域、重点部位的安全守护,全市多发性侵财案件同比2016年警务改革前下降46.2%,推送抓捕类预警2353条,现场巡逻盘查抓获犯罪嫌疑人498人,群众安全感率高达99.12%,让老百姓深刻感受到"金盾就在眼前、安全就在身边"。

从主动预警到精细布警,从多维接警到动中处警,一项项具体的措施招招凸显预防在先、反应在快、处置在早,实现了"四个第一时间":第一时间避免或减少群众受到伤害,第一时间让群众找到报警渠道,第一时间赶到事发现场,第一时间高效依法处置。

2021年,为更好践行"人民的保护神"的殷切嘱托,漳州市公安局以"漳州110"荣膺"时代楷模"为契机,积极探索大数据背景下智慧警务新模式,创新打造以110合成作战中心为龙头、110路面警力为依托、大数据智慧警务为支撑、各警种协同配合的全息作战体系,

永做"人民的保护神"

围绕接警处警、破案追赃、执法办案、奖励惩罚"四大环节",将"漳州110""又快又灵"理念贯穿警务活动全链条、全过程,确保实现"快派快处、快破快挽、快督快结、快奖快惩"目标。

为将"漳州110"作为作战体系"最前端"的重要定位,发挥"最强四肢"的功能作用,他们开展了第七次警务改革。经多轮调研和翔实分析,他们积极适应社会发展态势,从人员编配、班次运转、考评任务等方面着手,紧抓"人、屋、车、路、网、场、组织"等要素,

13

永做"人民的保护神"

围绕打击、防范、管理、服务等基本职能要求创新，充分运用信息网络手段提升社会治理效能，大刀阔斧改革，形成守点、控面、巡线同步展开的巡特一体、快反快处网络，打造集处警、侦查、采集、抓捕功能为一体的一线"尖刀"，做到"有的放矢""精确制导"，让出击更有力、打击更精准、挽损更高效。

2021年11月28日11时许，"漳州110"接到指挥中心指令：芗城区万科滨江府停车场一小车内项链被盗。路面警组到场后，第一时间调取现场民用监控，迅速将现场监控信息、可疑人员信息通过警务合战中台反馈给合成作战中心。指挥中心通过后台支撑，指引路面警组追踪抓捕，13时许抓获嫌疑人，并循线抓获销赃人员，追回被盗物品。从群众报案，到抓捕追赃，全程用时不到2个小时。

在大数据合成作战体系建设的框架内，自主研发的漳州公安警务合成作战中台发挥了极其重要的作用，平台以警情为驱动，按"时间轴"管理方式，动态掌握每起警情所有环节，做到实时信息共享、快速协作响应、环节全程可溯，确保高效妥善处置警情，实现"流程化、规范化、系统化、一体化"聚合管理应用。

2021年8月28日6时28分，指挥中心接黄某报警称，芗城区金峰南路一手机店被盗13部华为手机，价值4万余元。6时31分，市局

永做"人民的保护神"

合成作战中心从中台接到接警台流转来的警情,立即开始同步研判工作。"漳州110"路面民警到达现场后,立即通过中台的手机移动端开始信息要素采集工作。民警将采集到的视频图像上传到中台,为研判民警提供了研判依据。通过在线互动,合成作战中心民警串并出芗城、龙文另两起入室盗窃案。研判民警通过研判确认案件3名嫌疑人身份和落脚点,9时43分,民警通过中台,向芗城分局下发抓捕指令,分局立即派出抓捕组赶赴福州。28日15时38分,芗城分局抓捕组在福州抓获犯罪嫌疑人后,立即在中台反馈并上传嫌疑人指认赃物图片。研判民警在中台对该警情进行战果确认,同时根据参战民警的参与度和贡献值,进行积分分配。该警情的处置,在中台全程留痕。这是该警情在中台的时间轴,从110接警台流转警情到确认战果,总用时仅9小时7分钟。随着"警情即时合成—快速落地抓捕—快速追赃挽损—深挖扩大战果"的全链条闭环作战模式的运用,战果不断显现。

在疫情防控工作中,110大数据合成作战中心充分发挥"最强大脑"作用,按照"快准严实细"的要求,更加精准筛查推送涉疫信息,全力支撑保障疫情防控工作,全力维护社会安定稳定。2022年一季度,合成作战中心深化"三公(工)一大"机制运作,筛查数据284批次,推送市指挥部数据36.3万条,二次研判、深度研判数据

15

永做"人民的保护神"

4415条,围绕34名阳性病例及密接人员梳理7条疫情传播链,制作链条拓扑图,为流调溯源和精准扑灭疫情提供数据支撑、研判支撑。

2022年6月,按照公安部部署,漳州全力开展夏季治安打击整治"百日行动"。行动以来,"漳州110"主动发挥巡警职能,当好漳州公安作战体系的最强前端,按照警情主导、实战引领、精准高效的思路,紧紧围绕快反、巡逻、盘查、打击四方面,突出"快、全、实、准",不断提高巡防质效。

电动车被盗是目前普遍让群众烦恼的揪心事,按照"什么犯罪突

永做"人民的保护神"

出就重点打击什么犯罪,哪里治安混乱就重点整治哪里的原则","漳州110"深入开展严查严打盗窃电动车行动。2022年7月4日10时许,"漳州110"接报称有电动车被盗。民警细致排查路面监控,与合成作战中心密切配合,确定嫌疑人身份并立即展开抓捕,仅用一个多小时就追回被盗电动车。7月17日凌晨3时许,"漳州110"警组巡逻至龙文区建元东路鸿浦豪园路段时,发现两名年轻男子在停放的电动车旁徘徊,见到警车便慌张离开。警组立刻驱车拦截并展开盘查,两名嫌疑人供述两日前在一中学附近盗窃1辆电动车并已销赃。民警深入追查,查获被盗电动车。短短两个月时间,就查获盗窃电动车(含电池)案件122起,一举压下该类案件高发态势,赢得群众交口称赞。

此外,"漳州110"还针对繁华商圈、早市、菜市场、医院、学校等人员密集场所,尤其是夜市、酒吧、KTV等易发纠纷、冲突的场所,坚持落实重点时段亮灯停靠机制,增划夜间重点巡逻区域18处,严控快处打架斗殴、寻衅滋事等违法犯罪行为,最大力度消灭各种隐患苗头,提高震慑力。他们每日巡逻总里程约2070公里,巡查重点部位69处,以"不打烊"的社会面巡逻防控,坚决做好城市的平安守护人。

"站在新时代新高点上,'漳州110'要持续发扬敢为人先、永不止步的精神,深入思考和挖掘漳州110体系建设,积极回应人民群众的新期待新要求,推动业务工作和服务群众的创新发展,奋力向前进,勇攀新高峰。"漳州市政府副市长、公安局局长肖申华谈道。

党的二十大以来,"漳州110"坚持守正创新、站稳人民立场,积极回应人民群众急难愁盼关切,立足"市县主战,派出所主防"实战化职能体系,秉承尽力而为、量力而行理念,全力提升警务效能和服务工作水平,着力探索构建"快反机制更优、执法水平更高、防控能力更强、群众反响更好"的"智慧110",加强"漳州110"体系建设,打造可信、可爱、可敬的"漳州110"形象,让人民群众的获得感、

17

永做"人民的保护神"

幸福感、安全感更加充实、更有保障、更可持续，努力在中国式现代化征程上，以新安全格局保障漳州现代化滨海城市建设取得新发展成效。

目前，"漳州110"实现五分钟内到场率93.17%，非违法类警情现场调处率93.17%，指令转化率100%，追赃挽损日均5.8起，追赃挽损率保持75%以上，用心打造人民群众满意链。

改革创新精神是"漳州110"基因中的重要特质，也是多年来他们能够始终紧跟时代发展、赢得群众信赖的特殊密码。32年来，"漳州110"围绕不同时期人民群众的期盼关切，改革创新，与时俱进，从热情服务到精准服务，从快速反应到更快更灵，从传统警务到"四警四化"，从单一警种到合成作战，从警力开发到智慧赋能，又快又灵的"漳州110"不断转型升级，每一次都紧跟时代潮流，每一次都顺应民心民意，通过向改革要警力、向科技要战斗力，做到警务机制与社会形势相适应，与时代发展相同步，不断满足人民群众的新期待新需求。

引领——百花齐放的春色

30多年来，公安部先后两次，福建省委、省公安厅党委、漳州市委先后各一次作出开展向"漳州110"学习的决定。进入新时代，各级党政部门、公安机关和社会各界纷纷开展向"漳州110"学习活动，各类媒体大力组织宣传报道，进一步掀起学习

永做"人民的保护神"

新时代"漳州110"先进事迹新高潮。

漳州市公安局坚持学在先、做在前,深入挖掘"时代楷模""漳州110"的精神实质和内涵,专门制定下发《全市公安机关学习弘扬"时代楷模""漳州110"的精神活动实施方案》,注重用典型的引领、榜样的力量引领队伍建设,把新时代"漳州110"先进事迹推广至公安工作全过程、全链条,不断创造新亮点、新引擎,以"漳州110"先进事迹为指引全力推动公安工作提档升级,引领各地建立了如"护企110""交通110""山里110"等一系列特色公安110。

特别是近年来,漳州市公安局大力弘扬新时代"漳州110"先进事迹,以"基础牢、出事少、治安好、党和人民满意"为目标,在全市29个重点派出所推行"两队一室"改革,积极探索与市域社会治理现代化相适应、为全息作战体系提供鲜活数据支撑的派出所新型勤务模式,进一步提升公安机关驾驭动态复杂治安局势的能力水平。同时,

永做"人民的保护神"

他们还着力解决基层执法办案中存在的顽瘴痼疾,大力推行"大法制"改革,积极构建公安执法全领域、全要素、全流程、全覆盖的"大监督"格局,推动执法管理从"事后惩戒"向"事前事中监督"转变,鲜明树立"多办案、办好案"目标导向,进一步推动公安执法规范化建设向纵深发展。

"漳州110是一面高高飘扬的旗帜、一面正人正己的镜子、一颗落地生根的种子,要弘扬英模精神,激励担当作为,大力宣传培树更

永做"人民的保护神"

多先进典型，讲好新时代'漳州110'故事，把英雄群像画得更好、更生动，展现漳州公安队伍良好形象。"2022年10月，漳州市副市长、公安局局长肖申华深入"漳州110"调研指导时如是说。

"漳州110"不仅是全国公安队伍的一面旗帜，在各行各业各领域乃至全社会都有着巨大的影响力，"漳州110效应"一直发挥着示范引领作用。1996年饮誉全国后，为更加有效服务保障民生，"漳州110"尝试与十几家单位建立共建关系，携手提升服务群众水平。1998年在共建的基础上，他们又率先推动建立110社会服务联动机制，把与群众生产生活密切相关的工商、供电、邮电、卫生等7个部门12个下属单位通过110联动机制组织起来共同为民服务，在联动中打通部门壁垒、减少反应时间、提供便民服务，带动涌现出一大批先进集体和个人。110社会服务联动机制越做越大、越做越强，并逐步从漳州走向全省乃至全国，促进了从"要我服务"到"我要服务"思想观念的转变，改变了当时各职能部门"门难进、脸难看、事难办"的机关

永做"人民的保护神"

作风,密切了党群、干群关系,提高了精神文明建设成效。

进入新时代,为进一步满足人民群众的民生需求,漳州市联动建立"民生110",全面升级12345平台,实现64个市直部门联勤联动,实行公安110与"民生110"、"三方"通话、平台流转,建立了四级联动办理、效能年度考核等机制,极大提升了服务效能,确保人民群众遇到的困难和问题能第一时间得到专业高效服务。经过多年的努力,110社会服务联动已经真正成为一项民心工程,其推动形成的社会服务网络在为民服务、为民解忧上持续发挥着重要作用。

"漳州110"社会效应持续显现,展馆阵地辐射作用十分明显。2021年1月10日首个人民警察节,公安部通过连线"漳州110",在"漳州110"事迹展览馆向全国人民进行现场文艺宣传展示。2021年漳州市公安局对"漳州110"事迹展览馆进一步扩建提升,展陈面积增加了近一倍。2022年1月10日第二个人民警察节,福建省公安厅党委班子成员及中层主要领导在"漳州110"事迹展览馆前举行了隆重的升旗、宣誓、开馆等仪式,进一步提升了"漳州110"的影响力。

2016年至今,"漳州110"事迹展览馆共接待社会各界参观来访1000余批次,6万余人次,广大干部群众以"时代楷模""漳州110"为榜样,比忠诚、比学习、比担当、比落实、比贡献,形成学习先进、崇尚先进、争当先进的热潮和拼搏进取、创先争优的生动局面,持续深化社会公德、职业道德、家庭美德、个人品德建设,为全方位推动漳州乃至福建高质量发展超越提供坚强的精神力量。

② 非凡时代　平凡英雄

身在非凡时代，甘做平凡英雄，这就是"漳州110"。

从1990年引领全国建立110报警服务台和快速反应机制，风雨兼程，砥砺前行，演绎了多少人的热血担当、青春无悔，演绎了多少城市故事里的速度与温情。

初心聚起精神，平凡凝成力量，"人民的110"彰显"漳州110"与时俱进的时代价值，激发广大民警成为国家治理体系和治理能力现代化的实践者和探索者。

永做"人民的保护神"

薪火相传　接力荣光

　　30余载继往开来、接力前行,"漳州110"倾力书写了一部感人至深的奋斗诗篇。"漳州110"先后诞生了7位"班长",他们是矢志不渝的创新者,首创110报警服务平台和快速反应机制让"漳州110"蜚声全国;他们是栉风沐雨的守业人,将服务为民的精神情怀接续传承;他们也是积极进取的实干家,在不同的年代积极探索警务机制改革;他们更是敢拼会赢的逐梦者,在新时代奋勇争先、建功立业,书写新的篇章。他们坚守初心,薪火相传,带领全体民警把"漳州110"这面光荣的旗帜始终扎根在老百姓心中。

非凡时代　平凡英雄

"漳州 110"创建者、首任队长郭韶翔：为党的荣誉而战，为国家的富强而战，为人民的幸福而战，是中国人民警察最高的幸福感

20 世纪 80 年代，改革开放的春风吹遍神州大地，计划经济转为市场经济，人财物的流动使得社会治安发生了很大变化，当时街头犯罪和流氓团体斗殴比较猖獗，给公安机关的社会管理带来新问题。

1987 年 3 月 24 日，中共漳州市公安局委员会决定任命我为漳州市公安局芗城分局治安巡逻中队副中队长。在此后的调研中，我发现芗城分局在 1985 年 5 月设立的"110"报警电话到 1990 年 5 月，刚好 5 年的时间里只有 22 个电话记录，这说明什么问题呢？说明公安机关座谈办案的现象根深蒂固，没有人去考虑怎样应对市场经济下人财物大流通给公安机关带来的新使命、新任务。

调研结束后，我立即向上级打了三个关于建立漳州市区快速反应机制的请示报告，向他们要经费、要人员、要装备来建立一支反应快速的队伍，以快制快打击犯罪。这三个请示报告得到上级领导的支持，鉴于当时的条件，局里拨了一笔钱作为启动资金，我们又从别的单位要来一部旧电话机、一辆旧三轮摩托车、一辆旧吉普车，就这样简陋的装备，"漳州 110"正式亮相，走上了维护治安与服务群众并重的新探索之路。

为了快速出警，我自己掏钱到市场选购了两根长长的竹竿，把其中一根立在楼外阳台边，队员出警的时候就沿着竹竿滑下来，比跑三层楼梯要节省时间。有的警员不理解，我对他们说，快一分钟时间也许我们就能抓到嫌疑人，快一分钟时间患者得到医生的治疗就能挽回生命……所以这一分钟对我们、对老百姓都非常重要，我们就是要在接到电话 5 分钟内到达市区任何一个现场。

永做"人民的保护神"

然而，20世纪90年代初，"110"在漳州的知名度并不高，我问报警的老百姓怎么知道"110"报警电话的，他们说看到那辆吉普警车上有写110，抱着试试看的心理拨打了报警电话，没想到还真的管用。如此快速反应的机制怎样才能让漳州老百姓都知道呢？我萌生了做电视广告的想法，在局领导和漳州电视台的支持下，几则暖心广告如"110报警台改为110报警服务台""巡警就在您身边，有事情找巡警，110愿为您排忧解难"等在漳州电视台播出。经过一段时间的实践，漳州市民发现遇到困难拨打110，民警都会在接警后三五分钟赶到现场，为群众排忧解难。如今，"远亲不如近邻，近邻不如110"在漳州深入人心。

回想"漳州110"成立至今，我觉得"漳州110"最大的贡献就是建立快速反应机制所带来的警务变革。同时，"漳州110"的精神和模式，由公安延伸到政府、延伸到基层、延伸到群众，把"以人民为中心"的理念辐射到各行各业，引领带动政府职能加快转型升级，让所有人为党的荣誉而战，为国家的富强而战，为人民的幸福而战。

非凡时代　平凡英雄

"漳州110"第二任大队长李铁军：不断发扬传承"漳州110"的精神，不忘初心、接续奋斗、不断创造无愧于漳州人民的新业绩

我在这个光荣的集体工作了十个年头。当时我们的首要工作任务就是快速反应，接到报警后能够用最短的时间到达现场。所以我们做了很多细致的设计，比如说要求大家晚上睡觉，不脱衣服，不卸装备；还在宿舍三楼竖了一根钢管，一有紧急情况，为了节省跑楼梯的时间，民警顺着钢管就能滑下来。当时我们的交通工具只有一辆敞篷吉普车，一辆边三轮，再加上一两辆的两轮摩托车。民警也非常少。到了1993年成立巡逻警察大队以后，才扩充了警力。

那时，我进行了"漳州110"第一次警务机制调整，把一级接处警模式改为二级接处警模式，划分警区，每个警区配置相应的警力，负责那一块的巡逻，接到报警就从那边就近出警，这样就能从空间距离上节省时间，快速到达现场，有时不到一分钟甚至几十秒钟就到了，群众都很惊讶。这一举措让我们的现场抓获率和群众满意率都得到了提升。

由于"漳州110"的事迹通过媒体宣传到全国了，老百姓都耳熟能详，有一些其他部门单位业务范围内的警情，老百姓也会打110报警。民警到了现场，因为不专业，往往处置不好。所以当时通过团市委牵线，我们"漳州110"团支部跟各个单位的团委搞共建，列了一张电话通讯录，接到相应的报警就和他们联系。我们到现场控制住事态，维护好交通，由他们来进行处置。

当时的市委领导对此非常重视，由时任市委秘书长郑道溪同志牵头，各部门、单位在原来的基础上建立了一套新的工作机制，组织起一个专职队伍，在文明办上面成立了联动办，专门负责协调部门之间

永做"人民的保护神"

的工作沟通，由此拉开了漳州"110社会联动"工作的序幕。

"漳州110"的工作模式，一改传统的坐在机关、坐等群众报警求助的接处警形式，主动走向社会，服务群众，密切联系。这个模式得到了公安部领导的肯定。所以1996年，在漳州召开了一次110报警服务台建设工作的现场会。我印象最深刻的是，公安部在会上对"漳州110"，对我们巡警支队直属大队进行了表彰，授予我们集体一等功。

同时在这次会议上，公安部党委也做出了一个决定，要求全国公安机关，特别是县级以上的公安局，都要像漳州公安芗城分局一样组建专职的巡逻警察队伍，开通110报警电话，建设110报警服务台。从此以后，110这个巡特警警种就在全国不断地发展壮大。

1997年，国务院将"人民的110"这个荣誉称号授予我们漳州巡警支队直属大队，我代表整个集体到北京去接受表彰，整个过程真的感觉非常激动、非常光荣。

非凡时代　平凡英雄

　　从1993年调到"漳州110"起,十年间,我日日巡逻在漳州市区的大街小巷中、夜夜值守在报警服务台前。我曾经在大巴上与持刀歹徒搏斗,保护旅客生命财产安全;也曾经跳进六米多深弥漫着恶臭的脏水中,把不慎掉入护城河的七旬老人救起;还曾经忍着呛人的煤气三进危房,关掉煤气罐,救出昏迷的主妇……"只要人民群众需要我,我就应该去做",这是我从警多年来一直恪守的信条,我的同事们也都是这样。正因如此,人民群众对"漳州110"这个队伍,对我们的民警是非常拥护和爱戴的。这种爱戴体现在我们日常接处警的各个现场中。我们所到之处,老百姓从好奇、不了解,一直到积极参与我们的工作,让我们非常感动,也让我们非常幸福。

　　"漳州110"是人民的110,所以"漳州110"的精神内涵就是赤诚为民。我希望现在一代一代的110民警,历任的大队领导,能够继承"漳州110"的传统,不断发扬传承"漳州110"的精神,特别要按照习近平总书记对全国公安民警的要求,不忘初心,持续奋斗,不断创造无愧于这个时代,无愧于漳州人民的新业绩。

"漳州110"第三任大队长许佳：是"漳州110"锤炼了我，是"漳州110"锻造了我，我为我曾经是"漳州110"的一员而自豪

　　1999年7月到2005年9月这段时间,我在"漳州110"工作。要成为这样一个先进集体的领头人,我是有压力的。那时候,我常常告诫自己:这支队伍一定不能在我手上走偏半步!必须沿着我们既定的目标一直不断地前进,不能有任何的闪失!

　　2000年10月1日,是漳州市公安局110指挥中心落成的日子。在那以前,报警电话是我们"漳州110"的民警自己接的,也就是大

永做"人民的保护神"

队民警自己接电话，自己派警，自己出警。2000年10月以后，接警和派遣的任务开始由市110指挥中心来做。我觉得，这次调整的意义在于它奠定了现代警务体系的基础，就是专业的人做专业的事。

"漳州110"能不断突破、不断发展，很大程度在于能直面发展中的新问题，不断琢磨、不断改进。在我的任上，我们在提升警情处理速度方面也遇到过瓶颈。当时我们发现，110的出警速度已经很快了，但是到达报警区域后，却经常要在最后100米找报警人这个环节耽误不少工夫。在意识到这个问题之后，我们就下定决心，从小区调研开始，一个一个地去采集小区相关信息，特别是楼栋跟楼栋之间的位置关系信息。之后把这些信息手绘成草图，由我们的民警录入电脑，最后印制成一本图册。出警时，民警通过图册就能迅速地找到报警人的具体位置，出警效率提升了，群众的满意度也提升了。

非凡时代　平凡英雄

提升，要从细节上下功夫。民警在现场处置遇到的困难，或者把握不住的警情，我们会把它们提取出来。然后，组织有经验的团队进行研究，形成一套方案，告诉民警碰到类似的警情怎么处置效果最好，最后还要分派到各个中队去训练，最终有效、迅速地提高民警的处警能力。

2004年，我们特别制定过一个工作计划，要求新民警每人每天写工作日志，把当天的工作内容、收获和存在的问题都写清楚。同时，形成"师傅带徒弟"的制度，每个中队安排业务能力强、政治素质好的老民警带着新民警，让新人通过这种传承迅速地成长起来。传承的形式，还具体到给新人"授袖标"仪式。把袖标作为"漳州110"的一种荣耀，也是一种责任的传承，成为每一位"漳州110"人不断奋进的动力之源。

离开110之后，我自己稍微小结了一下，六年多里我的睡眠时间大概比正常人少了一年半。大概是这个原因，留下了黑眼圈，我就把它当作"漳州110"给我的一个礼物。是"漳州110"锤炼了我，是"漳州110"锻造了我，我为自己曾经是"漳州110"的一员而自豪！

"漳州110"第四任大队长陈伟强：把群众利益放在第一位，把群众的呼声作为第一信号，把群众的需求作为我们的第一选择，把群众的满意作为我们的第一标准

我很注重整体队伍应急处突的实战能力，在日常训练当中始终坚持以身作则，率先垂范，带着队员们训练怎么训练，他们就怎么训练，当时我们训练的项目很多，除了最基本跑步、游泳、射击、散打、警务技能战术、擒敌拳等这些也都是我们日常训练的内容。我跟队员们都是同训练、同巡逻，也基本上同住在单位了。正因为长期坚持在训

永做"人民的保护神"

练场上摸爬滚打,风吹日晒,所以当时我在警务技能比武方面取得了一些成绩,曾经获得全国首届巡警防暴警技能比武狙击步枪射击第一的荣誉,连续获得三届全省5项全能第一。

在2005年到2011年担任大队长期间,除了延续原来的勤务模式,根据不同的阶段、不同的社会治安难点和热点,我们不断进行勤务模式的调整。当时,按照上级的要求,把龙文区作为我们接警跟防控的范围。我们有80个民警,后来又招收了60名协警,实行六班四运转的勤务模式。那个时候,我们还专门设立了一个便衣机动中队,把便衣中队跟民警的武装巡逻结合起来,形成合成作战的机制。

针对外地群众、务工人员在漳州遗失钱物、急需救助的情况,我们设立了"绿色通道银行卡",由公安机关提供统一账号,为受困群众提供快速安全的汇款服务。为了帮助迷路老人回家,我们专门把一些老人的情况进行了调查摸底、拍照,建立健全"老年人信息库"。有一次,有个迷路老人在一个臭水沟旁躺了一天一夜,我们发现后立即通过信息库的数据进行对比,很快把老人安全送回家。过后,老人远在澳大利亚的儿子给我们发来了传真,信中是这样说的:"你们犹如从未谋面的亲朋好友替我做了一名儿子应尽的责任,让我心里感到十分温暖,感谢你们如此的付出,让我们感受到警察不仅仅抓犯罪嫌疑人,抓坏蛋,也为人民服务。"

其实,能得到群众的认可和信任,就是我们心中最高的奖赏、最

非凡时代　平凡英雄

大的光荣。我们要不断回应群众的新期盼，始终把群众利益放在第一位，把群众的呼声作为第一信号，把群众的需求作为我们的第一选择，把群众的满意作为我们的第一标准。

"漳州110"第五任大队长李海宁：不断茁壮成长，不断推出改革的新思路新方向，让我们的步伐更加自信、更加坚定

我们早期的接处警系统比较简陋，随着时代的变化、社会治安管理的需要，"漳州110"不断探索，我们队伍的警务装备不断进行提升，从原来的普通对讲机到现在的警务终端，110的接警电话也变成了我们市局指挥中心的指挥中枢体系。通过各类高科技警务装备的支撑，警车、GPS、人脸比对系统等，我们达到信息的快速传递以及精准指挥。我们还通过指挥中心点对点的指挥，增加警务区，把原来东西南北4个警务区增加到12个警务区，对所有成规模的小区进行全方位

永做"人民的保护神"

的覆盖，提高了我们的反应速度。

警务改革，让我们110队伍出警更快，打击更精准。时间在我们警察的眼里就是生命，就是肩上的责任。2021年6月15日晚上10点多，在万达金街，一名有吸毒前科的男子酒后持刀追砍另外一名男子。当时万达金街人流量比较大，情况十分紧急。接到警情之后，万达金街现场的警组做出了快速反应，一分多钟就赶到现场，快速果断地制服了这名犯罪嫌疑人，制止了一起有可能引发多人伤亡的重大案件。对于民警的快速到场并快速处理问题，群众表示很满意，市局领导高度认可，并第一时间对第一个、第二个到达现场的民警进行了表彰奖励。

"漳州110"用快速接警、有求必应的热情服务，温暖着每一个需要帮助的群众。在110工作期间，我最大的感受来自跟群众的这种互动。群众对110民警从起初的不那么理解到理解再到深深地拥护和信任，我们整整花了31年的时间。31年来，我们每年365天，夜以继日，始终把群众需求作为第一选择，赢得了漳州人民"远亲不如近邻，近邻不如'漳州110'"的由衷赞扬，得到了党和政府的肯定。在各级党委、政府的高度重视下，"漳州110"不断地茁壮成长，不断地推出改革的新思路和新方向，步伐更加自信，更加坚定。

"漳州110"第六任大队长黄海强：是一件又一件的小事，让我们110从0出发

2016年，以构建快速反应、精准打击、有效防控的现代警务机制为目标，漳州市公安局推动了新一轮的警务改革，形成了"四警四化"这样一个新的警务机制。

在新的警务机制之下，我们在布警方面更加精细，把市区科学划分为12个警区，让我们的警力投送更加精细。同时，我们在原有电话、

短信报警基础上，建立健全了语音、图文、视频、定位、技防"五维"报警模式，实现多维接警模式，让群众在各种状态下都能第一时间将诉求推送到我们公安机关，构成了一个新型的防控体系。在这个防控体系的支撑下，从2016年到2020年，连续三年可防性的盗抢骗犯罪得到了有效遏制。

"四警四化"推行之后，我们漳州市公安局接续着力打造适应市域、县域社会治理现代化和城乡基层治理体系的"漳州模式"，产生了"民生110""民间110""社区（乡村）110"等一系列品牌，将以人民为中心的发展思想辐射到社会各行各业，引领带动社会职能部门加速转型升级，进一步推动基层社会治理体系和治理能力的现代化建设。

从2017年到2019年，我们在"漳州110"推行了三年的律警工程建设，着力在三个方面下功夫：第一个是行为，第二个是素质，第三个是思想。在行为上，我们建立了两个制度体系，对内的管理制度体系和对外的勤务制度体系。在素质上，推行了创新的三类竞赛，包括内务条令夺标竞赛、执法资格考试竞赛和基础体能达标竞赛。在思想上，注重抓住一些重要的节点，比如有的同志结婚，或者是家属生病，乃至在工作当中接受督查，我们都会抓住这样的契机，来为我们的民警做相应的思想工作。通过抓行为、抓素质、抓思想，我们完善了整个"漳州110"的制度体系建设。

2021年的1月10日，中国首个警察节，"漳州110"被中宣部授予"时代楷模"的荣誉称号。这是"漳州110"集体的光荣，是属于我们"漳州110"和所有在"漳州110"工作过、培育过的同志的。他们的付出，不只是做一两件好事。做一两件好事不难，难的是三十多年如一日接续奋斗，为民服务。如果要问，"漳州110"因何出发，我想就是一件又一件群众的小事，让我们从零出发，这个零既是个数

永做"人民的保护神"

字符号,又像是时代坐标。上级领导的关心和厚爱,人民群众的信任与支持,激励着我们"漳州110"永远在路上!

"漳州110"第七任大队长李斯祺:始终扎根在漳州老百姓心中,以漳州老百姓的满意作为我们最大的心愿,就是做到以人民为中心,永做"人民的保护神"

作为土生土长的漳州人,我对"漳州110"这支队伍可以说是耳熟能详。以前"漳州110"还不是现在的红袖标("漳州110"有六代袖标),但是那个时候我们在大街上只要看到警察戴着袖标,就会觉得很安全、很亲切。

所以,从小我就受到了"漳州110"的鼓舞和感染,梦想成为一名光荣的人民警察。到最后我真的有幸考上了警校,在学校里面,同学们知道我来自福建漳州,都说"你来自'漳州110'的故乡",那个时候第一感觉就是特别的自豪。

2021年9月24日,组织上宣布我到"漳州110"担任大队长职务,在2021年的11月26日,副市长、公安局局长林晓东亲自为我授了袖

非凡时代　平凡英雄

标。授予袖标，这对"漳州110"的新民警来说，是一个独特的仪式。当林晓东副市长为我戴上袖标的那一刻，我的心里产生了一个想法：从今天开始，我是"漳州110"的一名新队员，同时我又是"漳州110"的新班长。这对我来说既是一份荣誉，也是一个压力。作为队伍的新班长，我应该怎么把我们"漳州110"的荣誉，把"漳州110"的精神传承下去？怎么才能把它弘扬创新、发扬光大呢？

当"漳州110"大队长的第一天，我站在办公楼前看着我们110民警，还有我们的巡逻车辆集中排好队，进行岗前交接的时候，我的心里其实感觉是很复杂的。一方面觉得我们的民警真的很辛苦，不管刮风下雨、白天黑夜，我们始终都要在路上；不管遇到多么恶劣的天气，我们的警灯、警车始终不能停。另外一方面，我还觉得有一种自豪感，想到我们能够为漳州的老百姓服务，能够保护他们，一种为我们"漳州110"而骄傲的感觉油然而生。我的心里默默地想着：我一定要做好、当好"漳州110"的新班长。

永做"人民的保护神"

刚到"漳州110"工作的时候,一到晚上耳边就响起对讲机的声音,我就急着接起,想要马上通过对讲机和我们的民警沟通以了解我们的工作业务,让民警觉得大队领导跟他们始终在一起。也是这一个小小的对讲机,让我深深体会到我们"漳州110"那股团队协作的力量。

这种精神和初心,跟三十几年前"漳州110"成立之初其实是一样的。新一代的"漳州110"大队领导班子和全体民警,就是要在历任"漳州110"人持续奋斗取得的佳绩和荣誉的基础上,不断地传承和弘扬新时代"漳州110"的精神,在市局党委全息作战体系的推动下,更好地履行保护群众、服务群众的职责和使命,以漳州老百姓的满意作为我们最大的心愿,做到以人民为中心,永做"人民的保护神"。

(陈瑞煊 采访整理)

非凡时代 平凡英雄

"漳州110"的"变"与"不变"

从诞生之日起,"漳州110"便在百姓心中生根发芽,30多年时间,"漳州110"建制发生了一系列变化,但是,在百姓心里,始终只有一个名字,就叫作"漳州110"。

对"漳州110"来说,"变"与"不变"是一个深刻的时代命题,广大民警明白,唯有"变"——变革创新警务机制,方能保持"不变"——为人民服务的初心永不变。

"漳州110"的发展历史,是一部践行"为人民服务"宗旨的历史,也是一部警务改革的历史。每一次的改革,都是为了更好地服务群众。每一次的改革,都是对上一次改革的传承与弘扬,人民情怀是推动改革与探索的原生动力。

如果说1990年的报警服务台建立快速反应机制,开启服务群众与维护治安并重的警务创新,这第一次警务改革开启了为民服务的新篇章,接下来的历次警务改革,让"漳州110"一直走在路上,成为公

永做"人民的保护神"

安战线上的改革先锋,在漳州大地上奏出了更加绚丽动人的华彩乐章。

1996年5月,"漳州110"把漳州市区划分为三大片区五个警区,实行"四班三运转"勤务模式,把所有警力投入巡逻接处警,建立起以报警服务台为指挥中心、以岗亭为依托的全天候巡逻防范网络,变坐等接处警为就近接处警。"屯警街面"落到实处,漳州百姓发现"110"更灵了。

1998年,漳州建立110社会服务联动机制,把涉及人民群众生产、生活的公安、工商、邮电、卫生、供电、供水等7个部门12个单位联合起来,由市政府牵头、有关部门参与,以"漳州110"为龙头,统一协调、协作配合、快速反应的110社会服务联动机制,向社会做出"有求必应、有难必帮、有危必救、有险必抢、有忧必解"的承诺,真正做到为民、利民、便民。其经验在全市推广,全省110社会联动

非凡时代　平凡英雄

现场会两次在漳州召开,"漳州110"效应的社会化取得重大进展。

从1999年开始,漳州市公安局党委以110指挥中心大楼落成为契机,进一步理顺领导机制,把"漳州110"的领导权由芗城分局转移到市局,把设立在"漳州110"的"110报警服务台"并入市局指挥中心,为所有巡逻车辆安装GPS,由指挥中心统一对巡逻接处警工作进行点对点、扁平化指挥。进入21世纪以来,根据市区不断扩大的实际,落实"两区一体"改革,"漳州110"将巡防辖区从芗城区延伸至漳州市龙文区蓝田镇、步文镇和蓝田经济开发区等地,把市区重新划分为28个警务区,分设24个治安警务停靠点,实行网格化的巡逻接处警,并进一步强化多警种联合作战,逐步建立起以110指挥中心为龙头、以巡特警为骨干,多警种协同作战、有机配合的快速反应机制。

2012年6月30日,漳州市公安局启动综合警务改革,推动将"漳

永做"人民的保护神"

州110"优良传统移植到派出所,建立以巡逻、巡查、巡访为主要勤务方式和"扁平指挥、属地管理、网格巡逻、责任到人"的派出所综合警务机制,变警种"110"为全警"110"。

2016年7月1日,风和日丽,在"漳州110"基地,隆重而简短的"漳州110勤务改革启动仪式"之后,数十辆崭新的警用摩托车打头阵,分成两排,两辆并排,一辆车上两名民警,蓝头盔、白手套还有红袖标,威仪赫赫;摩托车队之后是数十辆喷着"漳州110"字样的越野车和面包车,这支整齐威武的车队驶出基地,在市区主干道穿行,犹如浩浩荡荡的洪流,奔腾向前——这不是普通的巡游,而是一种声势浩大的"安民告示":"漳州110"再振雄风,"漳州110"就在你的身边!

这是"漳州110"历史上第六次警务机制改革,从市公安局机关、芗城、龙文两分局抽调120名民警、110名辅警组建成一支新队伍,按照管控立体化、作战合成化、支撑信息化、服务精准化、执法规范化、队伍正规化要求,着力打造"漳州110"升级版,逐步探索形成了"主动预警、精细布警、多维接警、动中处警和智能化指挥、精准化服务、标准化执法、专业化建设"的"四警四化"警务新机制,突出忠诚使命,突出止于未发,突出更快更灵,突出共治善治,开启现代警务机制新篇章——这就是"漳州110",永立潮头,永不止步,每一次出发都是为了更快、更好地担当使命。

人勤春来早,风正好扬帆。2021年1月1日,漳州市公安局正式成立"漳州110"大数据合成作战中心,打造"合成多能、快速反应、全域应用"大数据合成作战队伍,形成全息作战体系,推动警务效能全面提升。

"没想到这么快就破案了,太感谢了。"2021年1月2日19时许,蒋先生看到自己失而复得的自行车,紧握着"漳州110"民警蔡景林的双手。三小时前,蒋先生的自行车在漳州市区一服装店门口被盗。根据指令,路面"漳州110"巡逻组仅用一个半小时就在案发现场附

非凡时代　平凡英雄

近抓获犯罪嫌疑人周某、范某，缴获被盗自行车。

面对不断发展变化的社会治安形势和人民群众的新期待，"漳州110"不断探索，始终在改革中创新、在创新中发展，持续推动警务机制转型升级，不断满足人民群众对美好生活的需求。

2022年，在漳州市公安局党委领导下，"漳州110"继续站在新起点上，深入学习贯彻党的二十大精神，立足"市县主战、派出所主防"实战需要，深入探索"智慧110"体系建设，不断深化警务机制改革，着力建立职权清晰、集约高效、智慧灵敏、专业实战的警务模式，持续推进警务工作现代化。

每年11月26日，都在"漳州110"人心中具有十分特殊的意义，这是国务院授予"漳州110""人民的110"荣誉称号的日子，"漳州110"把这一天确立为"荣誉日"，目的就是要激励全体队员珍惜荣誉、赓续初心、踔厉前行。2021年11月26日，市公安局领导亲手为第七任大队长李斯祺及每一名新队员别上袖标，象征着把接力棒传到了他们手中。2022年11月26日，市公安局领导将一枚新的功勋章别到第七任大队长李斯祺身上，象征着"漳州110"民警要不忘初心、牢记使命、再立新功、永立潮头。

赤子初心，人民至上。"漳州110"永远在路上。

（何葆国　采写）

永做"人民的保护神"

守护万家灯火璀璨

一个一个民警，一个一个警组，面对警情，犹如一把一把利剑，出击，出击，形成了利剑之光，让那些阴暗暴露在阳光下，让那些罪犯无处遁形，守护了漳州大地平安、万家灯火璀璨。

大海捞针，让传销无以遁形

2018年3月9日，李先生突然接到儿子的手机短信，称自己被传销组织控制了，让李先生火速来漳州把他解救出去。人生地不熟的李先生赶到漳州后束手无策，情急之下只好报警了。

在茫茫的城市中要寻到一个人无异于大海捞针。李先生跟民警提供他儿子的信息十分有限，给办案增加了不少的难度，着实让民警感觉有点棘手。传销组织的反侦能力很强，李先生儿子的手机一直处在关机状态，这让民警想利用技术手段进行卫星定位的想法也落空了。

在民警提示下，李先生想到了他儿子曾经发过的一张百度照片立体截图。根据李先生提供的图片，运用科技装备，通过地图立体截图和所处楼层7楼的位置信息进行分析研判、准确定位，很快就判断李先生的儿子所处的应该是漳州芗城区新浦路的前锋新村。

由于锁定的范围较大，为了实现"最近距离，最快建设，最强处置"这一目标，保障受害者人身安全，指挥中心决定增强警力，调动就近3个梯队共6人前往嫌疑区域协同作战。一行人到达目的地后，民警反复查找图片上所显示的店名，但店铺早已不存在，此时前锋新

非凡时代　平凡英雄

村居民区一片宁静，社区居民已经沉浸在熟睡中，如果兴师动众挨家挨户询问恐怕会惊扰到市民，更容易打草惊蛇。午夜办案，这无疑更增加了寻找的难度。民警当场转变思路，爬上楼顶根据图片做现场反复甄别、比对。功夫不负有心人，经过耐心寻找，仔细辨认，民警初步确定了楼栋单元，范围缩得更小了，距离目标越来越近了。

东方露出了鱼肚白，天已破晓。几个民警蹑手蹑脚抵达楼层位置后，靠近一间套房，贴着门缝细听，可令人灰心丧气的是，房间里面居然一点动静都没有，"咚咚咚，咚咚咚"反复敲了门也没人回应。按理说应该就是这个房间呀，可为什么这般出奇得静？难道是侦察的方向发生了偏差？还是走漏了风声转移了？大家经过仔细查看，发现这间套房有内外两道铁门，透过外门的栏缝可以看到内门门板上贴了张小纸条，上面写着一个手机号码，如果没有细看还真不容易觉察到。

民警立即拨打那个电话。电话接通后，民警表明身份并询问房屋情况，电话里一个外地口音的女子说房屋是她的。当民警询问该房屋

永做"人民的保护神"

是否有出租,该女子却吞吞吐吐的,一下子就把电话挂断。当民警再次拨打电话时,对方显得有些不耐烦,爆了粗口并挂断电话。民警立即向指挥中心请求帮助联系,但同样,刚刚所打的电话一直被挂断,最后竟然关机了。

线索断了。一整夜未眠的民警和报警人已疲惫不堪,但眼前的场景让民警觉得屋内大有名堂。大伙儿重新梳理了线索,研究了下一步对策。

难道房间里真的没人吗?协警赵一涵急中生智,自告奋勇登上天台。从天台可以看见,七楼的阳台晾了好多衣服,栏杆上种着花花草草。大家从生活气息判断,房子里肯定有人!

找到房子的主人至为关键。民警通过警务通系统识别了门牌二维码,再次联系指挥中心,请求获取房东信息。指挥中心一下子就找到了房屋主人的联系方式,民警通过联系房东确定了该房屋处于出租状态。民警双管齐下,让房东迅速到达现场,同时也联系了开锁师傅,并用力敲打房门,进行语言威慑和法律告知,但是房间里依旧没有动静。民警耐心劝说,晓之以理,动之以情,僵持了一段时间,没等房东到达,房内终于一阵骚动,房门被打开了。

"蹲下,抱头!"大家鱼贯而入。房间内已经有几个人齐刷刷地双手抱头蹲在角落。一共有8个人,大都是年轻的小伙子,李先生一眼就认出了自己的儿子,父子相互拥抱,失声痛哭。

民警问询了在场的几个人,没想到他们保持极强的警惕性,居然是一问三不知,或是装聋作哑,连李先生的儿子也没消除疑虑,答话的同时还不时瞄了其中一个人,似乎心有余悸。民警随后找到装有手机、身份证、信用卡的袋子,通过翻阅手机,基本确定了这8个人的身份,其中3人是这一小组的负责人。民警决定进行隔离谈话,消除戒备,各个突破。

很快,这些人就全部交代了。天网恢恢,疏而不漏,顺藤摸瓜,他们以及他们幕后的策划者被绳之以法,面临法律的严惩。

顺藤摸瓜寻百万赃款

0.5万元—3万元—16万元—100万元—220万元,这不仅仅是个数据的阶梯变化增长,更是显现了林毅澎、万林两个警组顺藤摸瓜破获案件的印记。2021年12月10日,"漳州110"一中队中队长林少伟接到合成指令,龙文区下洲花园有一名涉嫌盗窃的嫌疑人需要抓捕,林少伟立马安排林毅澎、万林便衣梯队火速赶往摸排。

林毅澎、万林便衣梯队接到指令的时候,案情是有两个嫌疑人涉嫌在台商投资区盗窃5000元的购物券。尽管案值不大,但秉着"再小的案值也是案件"的理念,林毅澎、万林各带着一名辅警前往摸排。到达下洲花园后,大家分头行动,万林带着一名辅警前往小区内查看监控,希冀能够发现蛛丝马迹;林毅澎带着另外一名辅警,乔装成志愿者在外围蹲点,来个守株待兔。经过30分钟蹲守,嫌疑人许某豪出现在视线里,林毅澎果断行动控制住嫌疑人。

"包里这么多钱,哪里来的?"林毅澎在对嫌疑人进行人身安全检查过程中,发现许某豪的钱包内有一捆三万元的现金和一条金链子。

"不对啊,现在的年轻人,为了方便,几乎都是刷卡或使用微信、支付宝,很少有人随身带着大额现金。"与当代年轻人的行为习惯有异常立刻引起林毅澎的警觉。林毅澎和万林当即对

永做"人民的保护神"

嫌疑人许某豪及其同行人员许某利进行分开询问,这一分开,两个人的说法不一,矛盾重重,漏洞明显。一个说是朋友托他保管的,一个说是家人的。林毅澎根据巡警的经验分析判断"这里面有猫腻",初步怀疑许某豪有可能涉嫌其他违法犯罪行为。

因为说法互相矛盾,林毅澎针对他们言语中的漏洞追问不舍,之后嫌疑人供述出住在龙文区下洲花园1栋××室。林毅澎他们立刻带着嫌疑人前往查证,在看似正常的房间里,林毅澎在抽屉中查获现金16万元。"一个5000元的购物卡案件,查获了16万元。"林毅澎有种以为是小虾米却钓到大鱼的感觉。他们准备收队,临走之前,林毅澎本着不放过任何细节的心态,再次对房间进行检查,边检查他们边注意嫌疑人的情绪,两个嫌疑人情绪正常。细心的林毅澎发现床上散乱堆着一些衣物,看似正常,但只要自己的目光看向床上,嫌疑人的情绪就有微小的变化。"不对劲。"林毅澎走过去,拨开那些衣物,没有发现。他们把床垫掀起来。"大鱼。"只见床垫下整整齐齐地摆放着一沓沓百元大钞,一算,整整100万元。

这时,中队长已经接到报告赶来。林少伟、林毅澎、万林再次对两名人员进行审问。看到100万元被查获,许某豪的心理防线崩溃了,他供述其于2021年11月底伙同苏某淇等4人在厦门市湖里区一地下停车场盗窃,发现一部路虎车后备厢没有关,车内有三大袋的现金,每袋220万元,共660万元。他们当即全部偷走,许某豪两个人分得赃款220万元。警组现场取证固定后,一并移交台商公安分局刑侦大队民警作进一步侦查。

"办案过程中,任何细节都不能放过,也许在常人眼中的小虾米都可能隐藏着大鱼。"林毅澎深有感触。负责任、目光独到、经验丰富、配合到位等,不仅仅是一个警察,也是一个团队积极向上的良方。

非凡时代　平凡英雄

连续作战破盗车案件

合成中心堪称110民警的"大脑",指挥调度110民警的行动。2022年4月10日17时30分许,直属大队五中队丁志松、黄宗鑫警组接合成作战中心指令,称盗窃电动车嫌疑人张某家庭住址在元光北新村。接到指令,警组立即前往查看摸排,到场后,丁志松警组根据从失窃现场监控获取的盗窃嫌疑人和其乘坐的交通工具图片细心进行比对,可惜一无所获。

无功而返的丁志松警组不松劲、不泄气,他们分析,嫌疑人作案后往往有回避心理,会"暂避风头",但他们也有侥幸心理,认为案值不大过段时间就会"风平浪静",最终还是会露出马脚。

丁志松他们并不因为电动车涉案金额比较小就松劲懈怠,而是继续到元光北新村摸排,期望能发现蛛丝马迹。他们手上从失窃现场监控获取的盗窃嫌疑人和其乘坐的交通工具图片就是他们的底气和屏

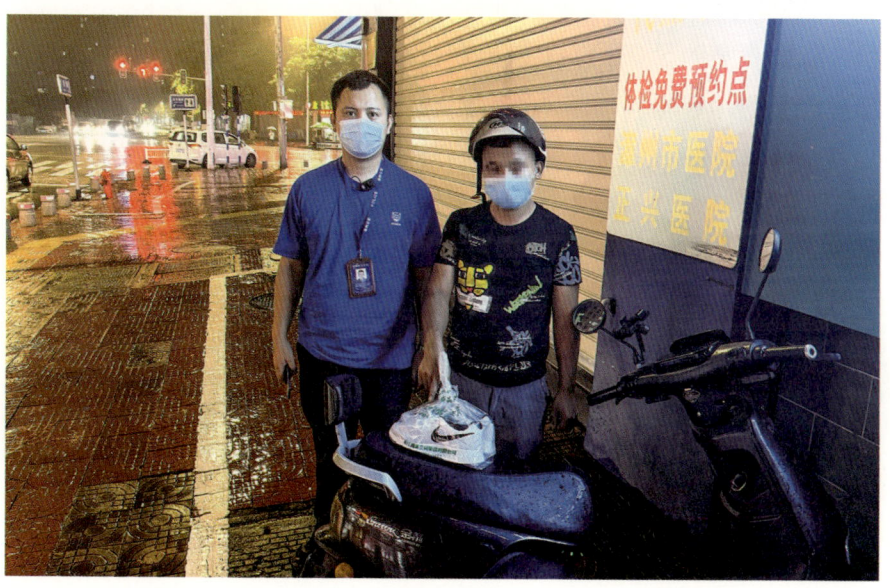

49

永做"人民的保护神"

障。功夫不负有心人,他们在楼下巡看时,发现有部电动车在充电,从后视镜、装饰图案等细节比对,和盗窃嫌疑人所乘坐的电动车高度相似,经判断是张某平时骑行车辆。警组人员随即判定张某极有可能藏于家中。这让丁志松他们精神一振。丁志松细心发现这部电动车的充电线是从楼上垂下来的,经过核查,这是张某父母的家。上门询问的时候,张某家人称张某不在家中。

征得同意后,丁志松他们进入查看,第一个房间一无所获。查看到第二个房间的时候,丁志松发现卧室房门不能像第一个房间那样一推到底。"有情况。"丁志松发现藏匿房门后角落的嫌疑人张某。警组人员现场进行审问,张某起先遮掩其盗窃行为,但经过心理战,丁志松抓住一个一个细节,缜密地询问,张某承认其偷了一部电动车,藏匿在古塘小学附近的一个停车场。丁志松马上带着张某前往指认,发现混杂在众多车辆中的赃车。张某承认当时他找了几个地方想把赃车卖出去,但都没有成功,只好推着这部赃车,走了40多分钟的路才找到这个停车场。

听了张某的供认,丁志松推断张某有所隐瞒。在车上,丁志松看似漫无目的地和张某闲聊,实则抓住张某言语中的漏洞,剥茧抽丝地发现张某隐瞒盗窃车辆数目。丁志松通过监控印证,对其再次询问,面对现代技术手段的"观照",张某得知事情败露后便如实供述。警组人员根据张某提供信息,耐心分析,分别在融信一号府北门、下池菜市场、龙江北路加油站附近废品收购站抓获3名涉嫌销赃人员,现场查获两部被盗电动车,嫌疑人对销赃行为供认不讳,之后警组人员将上述人员及赃车移交南坑派出所进一步处置。

电动车盗窃案件,虽然案值不高,即使破案,也没有惊人业绩,甚至会被视为"小善",但丁志松警组并没有因为"善小而不为",他们看到电动车失窃案发生后可能引发当事人情绪波动,进而影响个人情绪甚至是家庭和谐，依靠现代高科技和缜密的分析研判以及"从细微处寻真相"的努力，把"一个一个小善积累泛发出大爱之光"。

密切配合抓获八名嫌疑人

主动介入，信息支撑，及时共享，密切配合。多种因素的共同作用，赵友财、连家跃等密切配合交流，及时有效地提供了相关线索，打了一场漂亮的战斗，仅用3个小时就成功在欣隆盛世朗域小区1栋1004室及市医院龙文分院出口处抓获8名涉嫌抢劫的嫌疑人。

2022年4月24日16时许，"漳州110"接市公安局指挥情报中心通报，称在龙文区市医院龙文分院门口发生一起抢劫案件，涉案金额达82万余元，相关涉案嫌疑人均已逃离现场。涉案金额不小，而且嫌疑人全部逃离，这样的案件社会关注度高，很容易引起热议，唯有快侦快破才能及时止损，让百姓放心，平息社会舆论。

永做"人民的保护神"

案情就是命令,市、区两级公安部门多个警种迅速到位,全息作战体系迅速启动。17时许,即将上岗的一中队赵友财警组得知情况后,迅速把自身置于侦破案件的环节,主动与合成作战中心取得联系,了解研判进度,当时的研判因为时间比较短,嫌疑人可能还没逃远,隐藏在周边区域的可能性很大。赵友财警组认为面临这样的局面,可以有效发挥便衣警组的优势,于是主动前往摸排。

上岗后,赵友财警组先后对接龙文公安分局刑侦大队,及时共享相关信息,持续摸排相关现场,并在欣隆盛世朗域楼下发现嫌疑人车辆,但人员未在场。于是赵友财警组就锁定这部车,保持适当距离进行隐蔽观察。同时,分组、多方调取周边监控获取车辆出入时间、人员数量及去向等信息,监控发现有多名人员接触嫌疑车辆,但均无法获取有用信息,只发现有名涉案嫌疑人曾与一名可疑人员对接。警组人员通过整理监控碎片后成功获取该名可疑人员相貌特征和该名可疑人员离开时所骑电动车车牌,这成为侦破此案件的关键点。随后,连家跃警组在周边搜寻,最终锁定该电动车停放位置。同时,赵友财警组在物业监控室查看该名可疑人员进入小区轨迹,锁定其住址。经过比对,发现该名可疑人员系其中一名嫌疑人的父亲。

赵友财、连家跃警组立即把相关情况上报,市、区公安部门几个梯队联合作战,其中一部分人员以物业人员上门服务为掩饰,敲开房门,发现屋里有多人聚集。警方人员当即控制现场,分开人员突审,确定其中8名嫌疑人涉案,当场抓获,并查获部分现金12万余元。

快速反应,快速处置。侦破的不仅仅是一起案件,更重要的是让生活在漳州这片土地上的百姓有安全感、幸福感。

(黄荣才 朱超源 采写)

非凡时代　平凡英雄

"保护神"的速度与温情

"漳州110"民警总是在速度与温情中开始他们的新一天。

"喂，110吗？有人落水了，快来救人。"

"喂，110吗？孩子发烧了，救救孩子。"

……

每一个突如其来的铃声背后，都是焦虑的声音，每一个焦虑的声音背后，都是满满的期待。

一位市民报警，因为他的父亲突然病危；

一位妇女求援，因为她的丈夫抱病死亡……

在事件突发、惶然失措的时候，人们总是想起了"漳州110"。

在普通市民眼里，他们是扶危救困、有求必应的"保护神"。一次次为群众解燃眉之急，一次次用速度与危险赛跑，以燃烧的赤诚，演绎人间善意。

惊心动魄的救火

2018年5月的一天清晨5点多，三中队中队长宋圳明照例在辖区内巡逻。突然他的手机叫响："丹霞路新城花园一栋楼房着火啦，迅速赶往扑救！"

警情就是命令，号令就是行动。宋圳明接到指令后，带领同组的民警孙泽彬火速赶到火灾地点。只见一楼停车场浓烟滚滚，隐约可见100多辆电动摩托车葬身火海，刺鼻的焦味与浓烟几乎令人喘不过气

永做"人民的保护神"

来。火魔借助晨风，闯出窗外，四处蔓延。向上攀升，直蹿三四楼。停靠窗户旁的一排小轿车发出了毕毕剥剥的声响，楼上住户的呼救声撕心裂肺，而停车场内的消防栓不能用，灭火器又控制不了大火。在人民群众生命财产受到严重威胁的紧要关头，宋圳明置个人安危于度外，第一个冲进火海，从已被熊熊烈火包围的通道飞奔而过，到隔壁的足浴店打开消防栓，咬紧牙关，扛起高压水枪，靠近小车和电动摩托车油盖上的火焰及火源点猛烈喷射。火魔肆虐，热浪翻滚，脸上如烧烤一般的刺痛。烟熏火燎令人睁不开眼、喘不过气。汗水模糊了双眼，自来水淋湿了全身，烟灰塞满了五官，发红的脸很快变成"黑包公"。浓眉烧焦了，手脚划出一道道口子，他全然不顾，心中只有群众的生命与财产。

"靠近！再靠近！"宋圳明、孙泽彬密切配合，抱紧高压枪，哪里火势大就扑向哪里。几分钟后，消防大队赶到现场扑救。闻讯赶来的大队长黄海强，迅速组织第三中队临近8个梯队民警，投入现场扑救。宋圳明带领一小组从烧灼的扶手和楼梯拾级而上，冲向楼上救人，引导疏散人群。在4楼他们发现2名居民窒息，生命危在旦夕，便不顾高温烘烤，将他们一步步抬到楼下，抱走100多米送到120救护车上。大火扑灭后，他们从一层到最高层一一检查住户群众是否安全撤离，所幸的是没有发现重大人员伤亡。直到早上8点他们才拖着疲惫的身躯，迎着明媚的霞光离开现场。这场惊心动魄的救火之战，是一场生与死的较量，是一场毅力坚韧的比拼，是一次信念坚定的检验。

生死瞬间见真情

2020年5月13日晚上，"漳州110"一中队林少伟队长带领多名队员在芗城区家芗0596小区成功解救跳楼轻生女孩。

非凡时代　平凡英雄

　　林少伟在23时接到警情赶到现场时，女孩爬上小区楼房32层顶楼水塔处，水塔顶部有镂空的水泥梯台向外延伸，女孩横空扑棱、摇摇欲坠，稍有不慎就将粉身碎骨。警戒线已经拉开，万一女孩从天台上掉下来砸到人，容易造成二次伤害。万家灯火、家人团聚的时刻，也是一些生活不幸的人触景生情、情绪失控的时刻。女孩坐在悬空处，警情极为危急。救生垫的有效范围在20米之内，而家芗0596楼高近百米。林少伟利用平时学习掌握的心理学知识和工作经验耐心地了解原因、安抚女孩，了解到女孩从小父母离异，跟随爷爷、奶奶一起生活，后来爷爷奶奶去世，由姑姑等亲戚救济，目前在某职业学校就读，患有严重的抑郁症。由于与男朋友分手，该女孩喝醉了酒，情绪很激动。女孩含着眼泪哭诉道："我要见我的爷爷、奶奶！"

　　身上绑了消防绳的林少伟不禁毛骨悚然头皮发麻，眼看情绪激动的女孩下半身在空中晃动幅度明显增大。时间一秒秒过去，此时天台虽是微风，但现场哪怕多一级风力，就是多一分的风险！只要女孩随便动一动，便是前功尽弃！但贸然行动，必将适得其反。

　　女孩与林少伟在交谈中，情绪稍稍平静下来，趁这一瞬间，林少伟用力摁住女孩。其他民警赶紧围过来将消防绳系在女孩身上，小心翼翼地将女孩护送回天台。回到安全地带，林少伟看着向外延伸的镂空的水泥梯台，不禁一阵眩晕，此时才觉得脊背发凉。刚才凭着一腔孤勇救人，如果女孩用力挣扎，两人一起坠楼，后果不堪设想……

　　勇气来源于责任，110队员和普通群众一样都是血肉之躯，警情危急时冲上前，这是义务，也是担当。生死瞬间见真情，这情是人间真情。

　　一个花季少女的生命被成功挽救了！当大家护送女孩从水塔边上的舷梯下来时，时间已接近零点。

非凡时代　平凡英雄

千里之外的求助

"110吗？快帮帮我，我现在人在宁夏，联系不上我女儿，我担心她跳楼了！"2022年7月25日6点40分，一则电话让110民警顿时紧张起来。在电话这头，许先生又焦虑又激动，他语速很快："我女儿在漳州某大学就读，性格比较内向，这几天她一直在帮别人在某宝上刷单，说可以赚钱，但是从昨天晚上开始，我打她电话一直打不通，我担心她被诈骗想不开……""请把你女儿居住的地址发给我，我们马上到！"按照许先生提供的住址，漳州110民警在第一时间赶往报警人的住所。

许先生的女儿居住在金峰花园南区的某居民楼里，考虑到金峰花园小区是老旧小区，栋数较多且分布不规则，为迅速找到目标，民警在途中立即通过搜索小区分布图，查找到1栋所在位置以及最近入口处，并在第一时间找到了许小姐居住的房子。民警到达现场后，发现大门紧锁，敲门也没有人应答。时间紧迫，他们立即破门而入。进入房间后发现，许先生的女儿躺在床上昏迷不醒，浑身发热，汗流不止，情况不乐观，必须立即送医。民警立即拨打120急救电话，同时在房间内仔细查找可能的残余药品或线索，为施救进一步提供条件。"她可能吃了什么药自残，必须把这些药找出来，方便医生快速对症下药。"民警考虑十分周到。

120急救车迅速赶来，民警将搜寻到的药品交给医生，并协助医生将许先生的女儿抬下楼。"许小姐住处为套改的出租房，通道狭窄，救护车配的推车无法通过，我们和医生协力将她抬下楼，一同赶往医院急救。"在赶往医院的路上，民警多次给远在宁夏的许先生通报情况。"我们已经找到许小姐，她服了药，我们正在赶往医院救治，请放心，一有情况我们就会给联系你……"电话这头的许先生知晓情况以后，

永做"人民的保护神"

紧张的情绪得到了缓解。到达医院后,警组则担任起了许小姐"亲人"的角色,协助处理抢救相关事宜。医院分析完病情和药物后,立即将许小姐送ICU(重症监护治疗病房)进行治疗。在完成所有相关手续后,此时已经是晚上7时40分,华灯初上,万家灯火通明,又是一个安静祥和的夜晚。

"经过抢救,目前许小姐情况稳定,经过后续的治疗和观察就能够出院了。"第二天,110民警和医院通了电话。在这通电话以后,民警悬着的心总算是放下了,并迅速将这个好消息告知远在宁夏的许先生。在电话的另一头,许先生流下了眼泪,他啜泣道:"非常感谢你们,你们'110'就是我们的再生父母啊,如果没有你们的帮助,我的女儿可能就……我马上回去,一定要当面感谢你们,你们就是漳州百姓心中的神兵天团!"

争分夺秒,为生命开道

"在水仙大街,有一临产孕妇羊水破了,她自行驾车前往漳州市医院龙文分院急救,情况十分紧急,她的车号是××,请找到她并迅速为其开道引导……"2022年8月2日早上8时40分许,漳州110二中队郑群英、陈志文警组接指挥中心指令,要求民警立即驱车为一临产孕妇开辟绿色通道。"当时的情况十分紧急,一是临产孕妇柯小姐身体状况不好,有可能在中途发生意外。其次,她驾驶车辆也有可能引发交通事故。所以情况十万火急,必须立即找到她。"

在万达片区巡逻的郑群英骑警警组立即赶往,因该孕妇车辆处于行驶状态,具体位置飘忽不定,难以准确掌握,郑群英民警立即拨通该孕妇电话。

"告诉我你现在的位置,并将你的实时定位通过微信的位置共享

非凡时代　平凡英雄

发送给我们。"

"好的，我现在水仙大街闽南水乡路段，我前方是交通局大楼……"

"听到警笛没有？我就在你后面，一辆警用摩托车，现在我开到你前面，你看到后马上跟上我，不管红绿灯你跟上我就行，然后专心开车。"

"好的！"

110警组终于找到了柯小姐驾驶的车辆，此时是早上8时43分，距离接到指挥中心电话仅仅过去3分钟！郑群英警组立即通报医院周边警组马上到龙文分院增援。林文强、郑旭哲警组接到通知后，第一时间前往龙文医院门口开辟绿色通道，仅供该孕妇车辆通行。"我们提前与急诊室医务人员联系，让他们提前准备，只要车一到，立刻送急救。"

最终，两个警组无缝衔接。孕妇到达后，民警配合医生缓慢搀扶该孕妇躺到急救担架，并帮助孕妇停好车辆，联系通知家属，最终在警组的紧急护航下，孕妇被成功送入急诊急救室。从报警到送医院急诊，仅仅过去10分钟。

孕妇的丈夫马上赶往医院，看到母子平安，他一边自责自己的大意，一边感谢漳州110的救援。原来，孕妇是在上班途中羊水破了，她第一时间想到了漳州110，第一时间拨通了报警电话。就是这短短10分钟，守护了一对母子的生命，守护了一个家庭的幸福。

对110民警来说，救人已经成了每一个队员的本能，仿佛是骨子里的灵魂，身上流淌的热血。无论在上班时，还是下班后，危险来临，挺身而出，正义感和责任心让他们变得勇敢与坚强。而人民群众在最需要的时候想到"漳州110"，找到"漳州110"，对广大民警来说，人民的信任，是人民警察的荣耀。

永做"人民的保护神"

"漳州110"就是这样一群让人心生敬意的人，他们日复一日地演绎着城市守护者的速度与温情，把"为人民服务"5个字，落实成365天的风雨无阻、奔波付出。他们活跃在车站码头、大街小巷、社区乡村，用勇敢和忠诚，守护万家灯火，传播人间善意，用诚信、道义、责任、担当把对人民的承诺，化作永恒的美好追求。

拨打电话，找到110，第一时间抵达，最快速度解决问题，他们是守护者，惩恶扬善，救人危难，他们在群众中筑起一道生命防线，以血肉之躯拦住火，毫不犹豫地跳进刺骨的江水里救人，寻找迷路的老人、抢救生病的孩子……世间有他们，便多一份信任，多一份暖意。

（叶子　陈瑞煊　杨跃平　采写）

非凡时代　平凡英雄

传递温暖与力量

　　这是一支纪律严明、作风优良的先锋警队，也是一个团结互助、温馨融洽的大家庭。在危险面前，党员干部永远冲锋在前；在荣誉面前，普通队员必须先上。在这里，所有队员都是家人、亲人，因为"只有把战友当亲人，才能让战友把老百姓当亲人"。这个家，很温暖，很有力量。

"有危险，队长先上；有荣誉，队员先上！"

　　2022年10月，黄晋江在这队伍里已经有6年时间了，是标准的老队员，他是"漳州110"四中队的副中队长。回忆起自己在警校的经历，黄晋江至今仍然充满自豪："在警校里，'漳州110'的名气真的可以说家喻户晓，我的同学来自天南海北，一说到漳州，都对'漳州110'竖起大拇指！"那一刻，他的心里充满了自豪，也默默许下了愿望，一定要加入这支光荣警队。

　　毕业以后，黄晋江如愿以偿加入了"漳州110"。21天的封闭训练，锻炼了他高度的纪律性和责任感，这支队伍和谐团结的氛围也让他深有感触。在日常生活中，他强烈地感受到"漳州110"大家庭的温暖："我们同事之间经常互相关心帮助，有的同事家庭比较困难，我们会合理地资助；有的同事心情不好，我们对其进行开导；有的同事没法回家吃年夜饭，我们会叫其到家里一起围炉。"

　　刚入队时，作为一名新兵蛋子，在处理危险的警情时，黄晋江还

永做"人民的保护神"

是不乏紧张,但并不畏惧。他说:"在日常工作中,每每遇到需要支援的警情时,周边的梯队都会主动前来支援,你可以感受到背后有一个强大的力量始终在支撑着你。"就在指挥中心通报后的那一分钟,黄晋江听到是此起彼伏的对讲机的声音:"613梯队正在赶往事故现场……""616梯队即将抵达……""618梯队已经到达现场……""到场各梯队,618呼叫,到场后注意自身安全,注意佩戴个人防护装备。"……那一瞬间,黄晋江紧张的情绪便被冲得烟消云散。

黄晋江继续说道:"每次有危险警情,队长总冲在最前面,他们徒手夺刀、跳水救人……领导干部用实际行动给我们上了最重要的一课,就是我是领导我先上。"

在处理完警情之后,老队员和领导会抽空给新队员们上课,他们会拿出具体的案例,认真分析新队员们处理警情时的不足和疏忽,用丰富的经验为队员做一次次精彩的教学,对提高队员们的工作经验提供了重要帮助。

经过6年的锻炼,黄晋江也光荣地成为四中队的领班,多少次危险的警情,他都义不容辞地冲在最前面,他说:"老一辈110人就是这么过来的。有危险,领导先上;有荣誉,队员先上!我要把这种精神传递下去。"

在"漳州110"的队伍里,任何一名队员都是这个大家庭不可或缺的一员,每个人身上的光亮汇聚成了"漳州110"这支队伍的璀璨星河。

"我们是光荣的抗疫先锋队"

邱炜是"漳州110"一中队的副中队长,他多次奋战在抗疫一线。说起他的抗疫经历,他深有感触地说道:"我们也紧张,但是我们必

非凡时代　平凡英雄

须逆向前行,因为我们臂上的红袖章不允许我们后退!"

疫情之初,"漳州110"很多党员都报名参与一线支援。"要说没有顾虑,那是不可能的。"面对疫情来势汹汹,邱炜说,"有顾虑也要上!在'漳州110'队伍中,一向是领导干部先上,我必须走在前面。"就这样,邱炜在还没有跟家里人商量的情况下就报了名,他说:"我觉得我没有时间,也没有余地去犹豫,队里有很多党员民警刚接到中队长电话之后都报了名,很多队员跟我说,'队长你等我一下,我跟家里说一声',没过几分钟电话就打回来了,说队长我可以去。"邱炜认为报了名就要上战场了,义无反顾是对他当下状态最合适的描述。当时"漳州110"队伍有117个人,除了17个同志因为身体状况和家庭困难之外,总共报名的有100个同志。在跟家里人通报之后,邱炜在请战书上按下了红手印。至今,这份请战书还留存在"漳州110"的队员之家里。此后,"漳州110"组建了一个抗疫突击队,叫"朝阳突击队",长年战斗在抗疫一线。

永做"人民的保护神"

这个名字的由来,跟"漳州110"进驻的定点收治医院——朝阳医院有关,突击队全天候定点值守在这家医院,确保疫情防控万无一失。在值守期间,邱炜和他的战友们顺利完成任务,确保全过程的零脱岗零差错,较好地保护了医院的安全。

疫情初期物资比较紧缺,特别是口罩一袋难求。当时有许多的群众都自发地到"漳州110"的岗亭送口罩、送防疫物资。有的群众怕110队员们不肯收,就从警车的车窗扔进去,然后迅速离开。提到这个细节,邱炜眼里泛着泪花,非常感动地说:"防疫物资如此短缺,群众愿意把仅有的口罩给我们,就是把安全留给了我们'漳州110',那是对'漳州110'最深的爱。"邱炜的语气里充满了深情,他感慨道:"当我们队员戴上口罩的那一刻,心中充满了温暖和力量,这就是跟群众同呼吸、共命运,是漳州百姓成就了'漳州110',是漳州这片热土成全了'漳州110'!"

"每个人都是家人亲人"

他们是身体不适仍然坚持上班的民警;他们是孩子即将出生,却仍然不惧危险进驻管控区的战士;他们是寒风凛冽却毫不犹豫跳入九龙江救生的英雄……不论晨光微曦还是夜阑人静,不管寒冬酷暑还是狂风暴雨,他们总是第一时间赶到现场为民解忧。但是,却很少人知道他们背后的故事。

他们是父亲母亲,是儿子女儿,是丈夫妻子,更是普普通通的血肉之躯。在他们身上,同样有着难以言说的生活的艰辛。

赵磊朋是"漳州110"七中队的一名新兵,2020年6月,他才从部队转隶到110。"到'漳州110'这个集体,我感觉自己并没有离开部队,我像是从一支部队调到了另一支部队而已。我依旧感受到了在

非凡时代　平凡英雄

原部队那种浓浓的战友情！"说到"漳州110"，他的心里涌起强烈的感激和感动，110大家庭的温暖，帮助他度过了人生中最艰难的时刻。

2022年2月，赵磊朋的丈母娘因身患重病住院，情况不容乐观，她身体虚弱，急需输血。"这个消息对我们一家人来说，真是晴天霹雳，一下子手足无措了……"赵磊朋在向单位请假的时候，将情况告知了大队领导。大队领导知道情况后，当天立即派车安排自愿献血的同事们前往医院献血。"对我们'漳州110'来说，每个人都是家人亲人，家人有困难，所有队员都是挽起袖子，准备出最大的力气。"大队长李斯祺的语气里充满力量和关爱。在医院治疗期间，"漳州110"的战友和领导经常安慰小赵。"他们经常跟我说，不管有什么困难，都要第一时间告知队伍，有组织在，就没有什么解决不了的。"赵磊朋说道。

王政杰是赵磊朋的在七中队的搭档，他知道这个消息以后，自己去医院看望了病人。说到这件事，赵磊朋十分感动，他说："王政杰是我的搭档，我们一起出警，亲如兄弟，那天晚上他去看望老人没有通知我们，塞给我丈母娘800元后就走了，这事是丈母娘告诉我们的。"

因病情加重，一周后，赵磊朋夫妻俩带着老人到广州治疗。"在广州的这段时间非常难熬，人生地不熟，在外面租房子住，一边看护老人，一边还要为医药费发愁。"说起这段心酸的日子，赵磊朋的妻子钟琦掉下了眼泪。在广州医院治疗的费用很高，大几十万的开支让这两个年轻人被生活的巨石压得喘不过气来。

正当他一筹莫展的时候，李斯祺大队长等大队领导与赵磊朋交心谈话，在队伍里发起了"爱心募捐"倡议，大队领导带头募捐，七中队负责人将内部筹款慰问金交到了赵磊朋的手中。随着治疗费用的节节升高，大队再次号召大家为赵磊朋的患病家属奉献出自己的一份爱心，倡议一经发出就得到了大家的积极响应。短短的1个月时间内，

永做"人民的保护神"

通过水滴筹爱接力活动共募集善款10万元人民币,解决了夫妻俩的后顾之忧。

"这些举动让我们特别感激及感恩,铭记在心。"赵磊朋的妻子钟琦激动落泪,给"漳州110"写了一封感谢信。在感谢信里,她这样写道:"种种举动犹如冬日里最灿烂的一缕阳光,照亮了我的家庭,那如波涛汹涌般的爱的暖流久久地在我家每个人的内心深处涤荡。"

"在'漳州110'队伍里,每个人都会快速成长,是这支队伍教会了我怎么去走人生路,怎么去面对生活的艰辛与苦难,又怎么去爱他人,爱人民。"赵磊朋深有感触地说道。

"只有把战友当亲人,才能让战友把老百姓当亲人。"人队长李斯祺一直是这么想的,也是这么做的。这是"漳州110"光荣团队精神的传承弘扬,也是这支队伍战斗力、凝聚力的重要源泉。几十年来,"漳州110"始终秉承"暖警、爱警"的理念,高度重视暖警工程,对家庭困难、患有疾病的民警辅警第一时间进行关心慰问、给予帮助。让广大民警辅警充分感受到组织的关怀与温暖,激发了民警辅警的职业认同感、归属感、荣誉感,进一步提升了队伍凝聚力、战斗力和整体活力。

(陈瑞煊 采写)

③ 共同奋进新征程

　　"漳州110"是深受百姓信赖的警务品牌，也是全体公安民警共同创造的精神财富，她所蕴含的思想境界，感人至深，催人奋进。

　　聚是一把火，撒作满天星，一批批公安民警在"漳州110"这个集体熔炉中成长，开启人生事业，经历精神洗礼，带着她的光荣印记再出发。

　　奋进新时代，开创新境界。在广大公安民警的共同努力下，"漳州110"不断注入新活力，彰显新内涵。

永做"人民的保护神"

做好"警中警" 护好"警队林"

他们是"警察中的警察"。

"你们就是专门来给警察'找茬'的。"这是每一位刚进入警务督察岗位的民警,听得最多的一句话。

2019年,有着9年从警经历的陈裕,从"漳州110"一线调任市公安局警务督察支队一大队大队长,成为"被讨厌"的其中一员。

委屈吗?"不被理解时内心肯定是有点儿愤愤不平的。"陈裕挠挠头苦笑着说。特别是干督察前,他与同事们关系非常"铁",一起出任务、聚餐、聊生活、聊理想,是大家口中"最可爱的哥们",换

岗位后大伙儿却都开始躲着他走,生怕一不小心被他"挑出问题",一度让他感觉内心很受伤。

不仅队友们不信任,不少前来反映问题的群众也常常直白地表达内心的不安:"你也是个警察,会不会偏袒'自己人',对警察犯的错误视而不见?"解释与安抚同样成为他工作中的"标配"。

想过换岗吗?"这个念头从没有冒出来过,尽管做好这份工作一点儿也不容易。"在陈裕看来,当督察民警依法履职时要铁面无私"扮黑脸",当民警合法权益受到侵害时又要第一时间挺身而出"唱红脸"。"既要维护法律权威,也要保障民警权益,我觉得这个工作非常考验人,而我愿意接受这份考验。"陈裕说。

做督察,难在一个"正"字。初当"警中警",为了解基层在执法过程中存在的问题,陈裕深入执法一线,对督察中发现的民、辅警着装不规范、内务脏乱差、执法不规范等违规问题,敢于"亮丑揭短",当场进行查纠,将典型事例全市通报"曝光"。如今,一些受到通报批评的基层所队负责人谈起他,更多的是发自内心的钦佩:"陈裕工作中就是个'黑脸包公',他指出问题不存一点私心,我们敬重他为人处事、公道正派的工作作风。"

在"漳州110"当一线民警的经历以及和群众的接触,也让陈裕对双方矛盾产生的可能原因和解决方式有了更全面的认知,逐步有针对性地向基层提出一些应对措施及督察建议,并耐心倾听基层民警的意见和建议,逐级层报上级领导辅助决策。"督察工作不是抓住别人的小辫子不放,要摆正心态,就像医生给病人开药方一样,要积极寻求解决问题的方法。"在陈裕看来,良好的规范养成是一位民警"精、气、神"的体现,只有时常给民警"捉捉虫",才能及时纠正各种不规范行为,才能无时无刻不展示公安民警的良好形象。

2022年以来,为适应新时代督察工作的需要,在陈裕的主导下,

永做"人民的保护神"

督察支队以"大数据＋网上督察"为引领，充分发挥网上督察综合性、及时性、精准性、高效性优势，积极带队探索督察工作新机制，从研究部署、理顺机制、创新手段、助推规范、成效扩展等"五点"发力，依托福建公安"ⅰ闽警"综合应用系统，创新比对规则、简化比对流程，综合运用接处警应用系统等8个平台应用的执法数据深入研究，应用执法"数据流"批量比对方法，对执法活动全流程开展闭环监督，精准实施"靶向督察"，及时查纠了一批执法不规范问题，有效地规范了民警执法执勤行为。他们还坚持定期监督与常态监督并重、结果监督与过程监督并重、事后问责与事中提醒并重，确保问题发现在早、处理在小、解决在内。

2022年以来，督察支队网上督察日均巡查视频监控超2000个/次，查纠接警区、执法办案中心、值班室、户籍窗口等公安机关场所各类不规范问题348个，编发网上督察日通报270余期，月通报9期，专项督察通报8期，各类督察工作共计督促问责179人。

在陈裕看来，督察工作是一种自省和提升。"每一项督导检查，每一起查纠保障，每一次评定考核，似乎总是在发现问题，总是在记分减分。但每一次的记分减分，记下的都是群众对公安工作的期望，减掉的是民警工作的不足，这是对民警责任的一种提升，更是对公安工作的一种推动，而赢来的是群众对警察更多的加分。"他说。

（蔡柳楠 采写）

共同奋进新征程

让"最强大脑"更智慧高效

巨大的 LED 幕墙上，滚动更新着全市各地的实时警情信息，辖区内人员密集场所、主要路段和高速路口的画面随时切换；数十部电脑、座机有序摆开，时而响起的急促铃声过后，简洁而熟悉的电话开场白此起彼伏："您好，这里是'漳州110'，请问有什么能帮助您？"伴随着的是敲击键盘的嗒嗒声……这里是漳州市公安局指挥情报中心的工作现场，也是张骏昌的主战场。

情报预警、研判分析、指挥调度、应急值守，在这个公安系统快速反应、协调作战的最前端，作为中心副主任，张骏昌每天的任务就是全力保障这一"最强大脑"的高速运转。"指挥中心是公安实战的'指挥棒'，更是这个大体系的'润滑油'，如何让风险管控更加精准、决策指挥更加高效、警务运行更加顺畅，正是我们要全力以赴的目标。"张骏昌说。

2000年从警校毕业后，张骏昌成为一名光荣的"漳州110"民警。十年的一线作战中，他与战友们雷霆出击打击犯罪、春风化雨服务群众，全心全意践行着"人民的保护神"的使命。"作为一名警察，服

永做"人民的保护神"

从指挥、听从命令是我们的天职,也是协同作战、高效处理各类警情的根本。但是这些重要指令是如何形成并下达的?"2010年11月转岗到市公安局指挥情报中心的张骏昌,终于找到心中好奇已久的问题答案。

初到接处警岗位、从拿枪到拿电话的张骏昌,很快便做到接警电话挂断那一刻报警信息、处警指令也一并下达,并根据警情具体内容甚至是报警人语气、语速来参考判断警情的优先级别,为准确传达出警信息争取黄金时间。

进入团队管理层、从拿电话到拿起指挥棒,张骏昌再次快速调整并适应转变后的身份,做好群众接处警的同时,对急重大警情进行快速研判,携手各部门第一时间处置化解,对各类风险预防预测预警,为城市公共安全管理部门和平安创建提供决策参考的科学依据。

2022年8月29日清晨2时56分,福州市闽侯县发生一起命案,2名嫌疑人乘车经厦门往漳州方向逃窜。情势紧急,当天值班的正是张骏昌,他立刻指令合成作战中心同步开展研判。清晨3时2分,指挥中心发现嫌疑车辆从漳州西下高速公路,后出现在西蝉隧道北往南方向,3时49分却出现在西蝉隧道南往北方向。张骏昌推断嫌疑人极有可能已下车逃窜,嫌疑车辆打算从漳州西上高速原路折返福州,遂立即指挥警力分路进行围追堵截。随后,4时17分许,警方在漳州西高速路口控制嫌疑车辆和一名驾驶员,并于5时13分、7时11分分别抓获两名下车逃窜的嫌疑人。

精细布警、动中处警,确保发生突发情况能第一时间响应处置,是张骏昌工作的日常,也是"漳州110""最近距离、最快速度、最强处置"各类警情的生动体现。

情报的真正权威和终极生命力在于落地执行,如何确保信息全覆盖、无遗漏,执行取得实效?在张骏昌的主导下,中心制定出台警情定性指南、警情模板参考、用语规范参考,推动制定12类重大警情应

共同奋进新征程

急处置预案和67个类警情处置微预案等规范制度。

如何让接警方式向"多维"转变,让群众的报警求助更加精准和便捷?在原有手机、固话报警渠道基础上,张骏昌和同事们认真研究针对特定环境下不便使用电话语音报警的情形,整合短信(福建公安12110)、微信("漳州110"微信公众号、小程序)、网站(福建公安互联网)等渠道,研发微信视频报警和扫门牌二维码报警模块,增加短信报警和微信图文、语音、视频报警功能,开通高德打车"一键报警"功能,实现"语音、图文、视频、定位、技防"多维接警,让报警人在不同报警场景下有更多、更快、更安全的选择。

张骏昌还带领团队着力推进110报警服务平台与12345、12319、12348三平台对接,率先实现全市公安机关110非警务事项与12345等平台对接分流,高效分流处置68项非警务事项、34项城市部件类事件、6类纠纷,2021年三平台分别接非警务事项求助电话237944个、3239个、7165个,合计248348个,同比上升20.23%,切实为基层减负增效,为群众精准服务。

2022年来,市公安局共追赃挽损1119起,挽回群众损失970万元,挽损率升至81.8%;支撑抓获违法犯罪嫌疑人2314人,起数抓获率升至96.01%;从派警到产出情报线索平均耗时降至7.97小时,从线索推送到人员抓获平均耗时降至10.5小时,其中24小时内完成从派警到抓获的1097起。

"指挥情报中心是全局的信息枢纽,是接处警的汇集地,是整个公安执法的最前端,也是我们对外面向市民的窗口,因为它承载着一个知名度最高的电话号码,一个遇到危难时会第一时间跳入人们脑海的数字——110。因此,我们必须不断挖掘'最强大脑'的潜能,让为民服务的触角延展得更远、在群众中扎根得更深。"张骏昌说。

(蔡柳楠 采写)

永做"人民的保护神"

"漳州铁骑" 硬核守护

戴上白色警用头盔，穿上厚重骑行服，驾驶650 CC大功率重型摩托，他们是一名名"漳州铁骑"，穿梭于大街小巷，快速响应处置各种应急突发事务，守护着城市的安宁。

大队长张斌，是队员们又敬又怕的"铁面狠人"，管勤务，抓考评，极致追求勤务工作每一个细节，时刻要求队员"逢冠必夺"。

从警18年来，从"漳州110"到"漳州铁骑"，张斌先后主抓研究报警登记、反馈规范、敏感警情处置、组建图侦专班（中队）、推行"小案快帧"机制、降压"盗窃电摩"发案、路面勤务规范、组建"数字警务室"等工作，有效提高了整体勤务工作成效。

2016年12月，有着12年特警工作经历的张斌进入"漳州110"，5年间先后任副大队长和教导员，主抓勤务与考评工作。刚上任，张斌就马不停蹄地带领人员研究撰写完善了《勤务手册》《管理手册》《岗位绩效考评细则》等，对"漳州110"勤务工作的内容方法、标准要求、考评机制进行全面细化。

漳州城区警情5分钟内到场，这5分钟怎么算？见到报警人，第一句话说什么？做什么动作？处警时间如何保障？执法服务态度怎么保证？……

张斌把这一切——从群众报警的那一秒，到民警处警反馈完毕，全都定死了。不仅如此，每天还会对队员的执法记录仪视频进行随机倒查。狠到什么程度？按照当时考评细则，民警处警一次，记1.5分；但只要被倒查出一次勤务瑕疵，扣10分。

共同奋进新征程

这是张斌给队员上的一道紧箍咒。"漳州110"始终长盛不衰，离不开自我监督机制的不断完善。

2021年，"漳州110"被中宣部授予"时代楷模"荣誉称号。此后，围绕"快派快处、快破快挽、快督快结、快奖快惩"，漳州公安构建全链条闭环合成作战体系。

同年9月，根据组织安排，张斌调整到漳州市公安局交警支队警务机动大队任大队长。到这支被群众亲切成为"漳州铁骑"的队伍上任的第一天，张斌就开始思考：如何让"漳州铁骑"凸显自身特色，更好地在漳州公安作战体系中发挥作用？

因跨警种导致的业务不熟，以及队伍自身指挥调度不够灵活等问题，对刚上任的张斌来说，压力不言而喻。"不管如何，一定要带好这支队伍。"张斌在"漳州110"时的那股子狠劲又上来了。

作为福建省首支正规化骑警队，"漳州铁骑"主要负责道路交通警卫、反恐应急处突、交通违法行为专项整治等工作。然而，大队仅

永做"人民的保护神"

有警力69名,却要负责漳州整个主城区。在有限的警力下,如何发挥"漳州铁骑"的最大作用?张斌想到了"漳州110"运用智慧化、大数据的手段,成立"漳州铁骑"数字警务室,补密巡防,发挥天眼和大脑功能。

2022年6月7日上午8时16分,一名高考生来到漳州三中考点后,发现找不到自己的身份证和准考证,焦急地向现场执勤的民警求助。接到求助并了解该名考生可能将证件遗落在送考的大巴车上,"漳州铁骑"随即启动应急机制,通过"漳州铁骑"数字警务室锁定大巴车位置,随后火速前往取回证件并及时送达考点,考生顺利进入考场参加考试。从接警到处警完毕,前后总共耗费不到30分钟。

"不管是'漳州110'的智慧警务,'漳州铁骑'的数字警务室,还是整个漳州公安的作战体系,为民服务和更快更灵的根与魂从来没有改变。"在张斌的带领下,2021年9月及2022年3月,大队两次逆行而上,奔赴台商投资区战疫一线增援,因表现突出,大队荣获集体二等功一次。在2021年全省公安交警业务技能竞赛活动中,以"漳州铁骑"队员为主力的漳州代表队第一次参加全省竞赛就勇夺摩托车警务驾驶技能和交通违法查处项目竞赛团体第一名。

(杨婉真 采写)

共同奋进新征程

全力筑牢治安"防护墙"

"感谢治安支队戴晓勇副大队长始终坚持以实际行动践行,'以人民为中心,做人民的保护神'的理念,'想企业之所想,急企业之所急',为企业提供'妈妈式'服务,培训'营商110'保安队伍,设立保安员证'便民考场',切实服务企业发展需求。"2022年9月5日,华安经济开发区10多家企业给市公安局治安管理支队发来了一封感谢信。

华安经济开发区人员流动性高,治安形势较为复杂。2022年7月,华安经济开发区"夜市一条街"、家具城等10多家企业聚焦治安复杂场所的巡逻管控,急需开展警保联勤联防保安员专题培训,打造一支综合素质高的巡逻保安员队伍。市公安局治安支队了解到这一情况后,随即帮忙协调解决。借助社区网格治理"2＋N"模式,对接华安丰山派出所、综治网格、卓诚保安公司等力量,对华安经济开发区"营商110"保安员、治安志愿者、群防群治力量开展岗位练兵和国家保安员资格考试。

戴晓勇是土生土长的漳州人,从小耳濡目染"漳州110"先进事迹。2011年,他如愿成为一名"蓝警服、红袖标"加身的"漳州110"民警。"漳州110"始终坚持的生命线——"更快更灵",从此成为他工作孜孜不倦的追求。

2018年底,戴晓勇接到一起茶叶店内手机被盗警情,这引起了他高度警惕,因为那段时间此类案件频发。根据"漳州110"合成作战中心研判分析,这一系列作案手法相似,出自同一人可能性极大。戴

永做"人民的保护神"

晓勇立即收集手机相关信息上报合成作战队,通过及时比对、研判、分析,嫌疑人位置被锁定,并很快落网,整个过程不到 2 个小时。

一个大夜班巡逻抓获 2 名持刀抢劫嫌疑人,1 名抢劫、强奸嫌疑人,再逮住一名盗窃摩托车犯罪嫌疑人,连破 2 起恶性案件、1 起盗窃案件。至今,戴晓勇的辉煌战绩还常常被提起。

2019 年 7 月,戴晓勇调岗到市公安局治安管理支队。"'有困难,找 110',这是'漳州 110'向人民作出的庄严承诺,现在我们把'努力提升人民群众的幸福感、获得感、安全感'作为自己更高的追求目标。"牢记"为民服务"的初心,戴晓勇全面投入公安派出所基础指导、维稳安保以及保安培训工作中。

用行动践行改革创新。新形势下,如何更好地指导派出所开展基础工作?如何进一步夯实公安基层基础,做大做强战斗实体,更好地为人民服务?按照市委、市政府部署,市公安局以芗城、平和为试点,逐步向全市推行城乡社区网格治理"2+N"模式暨"社区(乡村)110"建设,激活基层治理神经末梢,实现"矛盾不上交、平安不出事、服务不缺位"的目标,打造共建共治共享基层社会治理格局,推动新时代"漳州 110"经验向基层社会治理延伸,成功探索出"社区(乡村)110"漳州新模式。戴晓勇和同事带着问题和思考,屡次赴基层派出

所开展调研工作,继续深入总结固化社区(乡村)110的经验做法,不断发现问题,强化整改提升。

"原以为机关调研只是走走过场,没想到他们是实打实在解民所忧,为派出所基层基础工作添砖加瓦。"时任巷口派出所副所长的陈云城说。

"安民之道,在于察其疾苦。了解群众需要什么、盼望什么,才能让人民群众拥有获得感、幸福感、安全感。"戴晓勇用实际行动传承"漳州110"经验,倾心为基层服务、为群众服务。

近年来,戴晓勇还带领同事们在全市安保维稳工作方面做出了重要贡献,每天收集涉稳风险信息,指导各县区公安机关核查稳控,化解风险隐患苗头。在2022年开展的夏季治安打击百日行动中,他们组织各县区公安机关摸排矛盾纠纷4659起,化解4593起,有效消除社会风险隐患。

"民有所需,警有所为。"在解民忧中践行"漳州110""人民至上"的初心,早已成为戴晓勇镌刻在心中的标尺。"誓言和初心要体现在行动上,身为人民警察,无论在什么岗位,为民服务我们一直在路上。"戴晓勇说。

(陈细慧 采写)

永做"人民的保护神"

做捍卫群众安全的尖刀利刃

刑事案件立案数比降 18.3%，破案数比升 8.2%，破案率比升 17.5%，这是漳州刑侦部门 2022 年来交出的"成绩单"。

扫黑除恶、打击传统"盗抢骗"、打击电信网络诈骗犯罪、打击拐卖妇女儿童、打击严重暴力犯罪……刑侦部门不断健全完善各项打击整治机制，推动刑侦重点项目提档升级，不断提升破案打击质效，为漳州发展营造了良好的社会治安环境。

随着信息技术的发展，犯罪类型发生了很大变化，刑侦、经侦、治安、禁毒部门管辖犯罪相互交织，电信诈骗、网络赌博、集资诈骗、非法金融出现合流，派生犯罪、关联犯罪、链条犯罪增多。"犯罪类型呈现多元化、复杂化特征，这就要求我们要进一步健全刑侦工作机制，提升作战效能。"市公安局刑事侦查支队一大队副大队长詹鑫江说。

2022 年 9 月，市公安局刑侦支队建立了集合成作战、数据支撑、智慧侦查、预警防控为一体的"智慧侦查中心"，构建大数据支撑、大情报引领打击犯罪新侦查体系，实现对社会治安态势全息掌控、对重大突发案（事）件高效处置、对群众关注的违法犯罪活动快速打击、对重大安保任务协同作战。

一个多月来，智慧侦查中心战果显著：先

共同奋进新征程

后分析研判有效电诈窝点线索13条,协同县区公安机关捣毁电诈窝点9个,抓获犯罪嫌疑人47名;分析落地逃犯线索2条,成功抓获1名历年外省上网逃犯;分析研判涉拐线索1条,协助县区公安机关抓获收买婴儿犯罪嫌疑人1名,解救被拐卖婴儿1名。

对于协同作战的力量,詹鑫江在"漳州110"期间就深有体会。彼时,他作为路面执勤的民警,巡逻的时候经常会接到一些酒后滋事、斗殴的警情,处置难度大的,路面巡逻的梯队会赶来支援,妥善化解干戈。詹鑫江说,刑侦工作,更离不开协同作战。比如,在打击拐卖妇女儿童犯罪中,市、县两级公安机关对内建立健全多警种参战、多部门联动的打拐新格局,对外持续深化联席协作,构建了公安机关主打、行业部门主责、社会各界参与的反拐新格局。

"以往说起黑恶势力,大多数人是理解为现实生活中打砸抢烧、无恶不作。但是随着互联网的发展,网络空间也存在着各种'黑恶势力',裸聊敲诈等违法犯罪等层出不穷,单兵作战肯定是难以应付的。"詹鑫江说,在信息高速化发展的今天,社会各界对信息工作越来越重视,刑侦工作也不例外。为了强化情报信息工作,刑事侦查支队还将成立一支情报研判队伍,提高打击犯罪效能。作为刑事情报研判队伍的一员,他与同事通力协作,寻求侦察破案的创新。"刑事情报研判是一个宏大的系统工程,需要有主动性、超前性和预测性。我们将发挥协作精神,把'更快一秒'作为刑事情报研判的目标,从而实现打击精确、防范有效,让破案更快、挽损更多。"

(陈细慧 采写)

共同奋进新征程

坚决筑牢全民禁毒防线

"当我亲眼见到一个个美满幸福的家庭因毒品支离破碎,一个个鲜活的生命因毒品凋零枯萎,就感觉身上背负的不仅是责任,更是老百姓殷切的期盼和重托。为尽早实现禁绝毒品的最终目标,我愿同战友们一起奋战终生。"这是漳州市公安局禁毒支队副支队杨震林办公桌上,一本常用的工作日志里写着的一段话。

2017年,杨震林调任市公安局禁毒支队副支队长,负责全市各类毒品案件的侦破工作。几年来,他和"战友们"发挥"快、准、狠"的作战风格,严打毒品犯罪,守护一方净土。

办案"快准狠",这是早在"漳州110"一线执勤工作中,就已打在杨震林心底的烙印。

1997年7月,杨震林大学毕业,考上警察并分配到市公安局巡警支队直属大队,成为一名"漳州110"民警。上岗的第一天晚上,正在辖区内巡逻的杨震林,突然接到对讲机传来抓捕小偷的命令。"我们根据描述信息,立即锁定三名盗窃嫌疑人,以闪电般的速度上前控制住其中两人。"虽时隔25年,杨震林依然清晰记得当时的场景,其中一名犯罪嫌疑人挣脱逃离,他穷追不舍,一路飞奔,直到在近2公里处将其抓获。

"'漳州110'这支队伍,是我职业开端最好的师傅。"杨震林说,之后不管在哪个岗位,"又快又灵"都是他工作的不懈追求。

"行动!"随着一声令下,抓捕组如同神兵天降,将隐蔽在某废弃厂房的制毒工厂一举端下,当场抓获犯罪嫌疑人15名,现场缴获冰毒半成品近20吨。

永做"人民的保护神"

"我们得到简单情报,在石亭某地可能有一个放置毒品的仓库,我们连夜出动,踩点侦查。"回忆起 2017 年年底破获的近几年漳州市最大的制毒案件之一,杨震林记忆犹新。"当时天气炎热,我们民警埋伏在工厂后山几十个小时,顶着烈日炎炎,忍着蚊虫叮咬,最终摸排出制毒团伙的作息习惯。"杨震林说,抓捕组的成员们严格按照作战计划和指令,在短时间内迅速收网,取得首战告捷。

"上任这 5 年来,我见证着毒品的价格呈指数级的增长,也见证着毒品交易从线下面对面到线上虚拟空间人货分离的交易方式,大大增加打击毒品犯罪的难度。"杨震林表示,近年来,党委、政府高度重视禁毒工作,在持续强化"飓风肃毒 2021"会战行动的推动下,2021 年同 2018 年相比,漳州市本地破获毒品刑事案件数和抓获毒品犯罪嫌疑人数分别下降 73.91% 和 70.2%。整体战、合成战、协同战打击成效显著提升,全链条和全环节打击震慑作用明显,助推社会治安持续好转。

毒品一日不绝,禁毒一日不止。"要让全社会都认识到毒品的危害,阻断毒品蔓延的通道,还要从群众入手、从孩子抓起,大力宣传禁毒知识,才能实现全民拒毒禁毒。"杨震林表示。

目前,全市已建成林则徐禁毒教育基地 6 个、禁毒主题公园 9 个、禁毒品牌社区 17 个、林则徐禁毒宣教室 448 个,开展禁毒宣传"六进＋N"活动 2000 多场。全市现有吸毒人员比降 21.5%,连续 4 年大幅下降。2021 年查处吸毒人员人次同比 2018 年下降 78.42%。

"我们因打击毒品犯罪的成绩而欣喜,也为全民禁毒的良好氛围而欣慰,但我们禁毒人殚精竭虑,最大的夙愿依然是天下无毒。"谈到与毒品交手多年的感受,杨震林这样说。

(李润 采写)

共同奋进新征程

构建网上网下"同心圆"

2021年9月23日,周某驾驶一辆三轮摩托车途经漳浦县赤湖镇西城村遇到交通堵塞,便拍摄现场视频发布在微信群,配音称"整个赤湖都被封了,厦门回来的3个(涉疫人员),过不去,路都被拦住了"。而真相是,赤湖镇政府当天在西城村组织群众进行核酸检测,由于排队等候人员较多,周边交通一度出现拥堵状况。

短时间内,这条不实信息在漳浦县多个微信群被大量转发。漳州市、漳浦县两级网安部门立即指挥"网络谣言处置联盟"开展工作,在网警平台和各微信群发布辟谣信息,要求各群快速清理不实消息。漳浦县公安局迅速锁定散布谣言的周某,依法对其处以行政处罚,没有造成社会恐慌和不良影响。

当前,个人因素或组织私利的驱动等,导致谣言在网络空间时有发生。漳州市公安局网安支队在全市建立以公安机关为主力,以"影响力较大的自媒体""重点行业发声者"为骨干,以各领域、各层次具有代表性的热心网民为成员的"网络谣言处置联盟",建立更加广泛的警务共同体,有力有效地打击网络谣言、净化网络环境。

在市公安局网络安全保卫支队政委郑利军这位老"漳州110"看来,"网络谣言处置联盟"是网安支队对标学习"漳州110"的创新之举,实现了对涉事单位和相关联盟力量的扁平化指导,有效提高了网络谣言事件处置的透明度和实效性。

永做"人民的保护神"

公安机关作为主力,快速粉碎网络谣言

市、县两级网安部门建立网络谣言快速发现、流转、处理、协作流程,健全网安牵头的突发敏感案(事)件网络谣言收集和分析研判制度,落实全天候实战化的网络谣言监测,确保突发网络谣言能第一时间被发现。

"我们在快侦快破依法打击处理的同时,及时公开网络舆论关注的事件事实,紧急情况下实行网络骨干力量先行处置,第一时间回应网民需求,第一时间消除民众误解,第一时间压降可炒作空间。"郑利军说。

关键少数担任骨干,有效引导网络言论

自媒体时代的到来,大大提升了信息定制和信息告知的功能,也加速了网络谣言的传播速度,使谣言信息源呈现出"核裂变式"的快速传播。

为此,漳州市公安局以本地网络"大V"、微信公众号、论坛为重点,对网络"大V"、新媒体代表等拥有话语权人员进行分析筛选,耐心细致地做好引导工作,发动他们成为"网络谣言处置联盟"的首批骨干,吸引带动粉丝近千万。

联盟组织新媒体、网络"大V"走进重点项目和网络谣言多发楼盘、企业和群体开展实地调研,及时沟通了解项目建设,共同分析可能出现的新问题、新舆情,提出化解问题的对策和方法,进一步拓宽媒企沟通渠道。

"网络谣言处置联盟能够更有效地引导广大网民理性看待网络热点问题,进一步增强公安机关在网络中的影响力和话语权。"郑利军说。

共同奋进新征程

在市公安局的大力推动下,"漳州自媒体联盟"也正式成立,形成《漳州自媒体联盟自律公约》《漳州自媒体联盟倡议书》等一系列行业规定,发布行业自律公约和规范12个条款,覆盖本地网络从业单位60余个、成员70多名,不断推进网络社会自治化进程。

热心网民加入联盟,合力净化网络环境

漳州网安部门因地制宜,以创建"服务性小区"和争当"网安志愿者"为牵引,通过"网络谣言处置联盟"有效汇聚碎片化民意数据,整合网络谣言应对力量,凝聚管网治网用网的社会共识。

网安部门倡议社区、居委会成立以日常服务为主要内容的"业主群",了解群众民生诉求,及时提供政务服务资讯和社区网上服务,不断吸引和扩充参与群众,增强群众对信息群的黏性,形成稳定的成员群体。

"我们吸收社区、居委会'班子'成员为网络谣言处置联盟成员,协助网安部门及时发布正面引导信息,对网络不当信息进行举报,当好'联络员''宣传员''监督员'。"郑利军说。

网安部门还从各领域、各层次具有代表性的网民入手,吸引一批有热情、有能力、有责任心并具有独立视角的正能量人员加入联盟,协助开展网络谣言处置工作,构建覆盖面广、统一指挥的网络社会群防群治格局。

"与时俱进,改革创新,这是新时代'漳州110'先进事迹的内涵特质。"郑利军表示,市、县两级网安部门将继续对标对表"漳州110",在法治的框架下主动出击,不断完善网络谣言处置全链条,进一步聚拢民心、凝聚共识,构建网上网下"同心圆"。

(李润 采写)

永做"人民的保护神"

架起警民"连心桥"

面对老百姓的叹声、怨声、骂声,他们总是微笑倾听、坚持原则、耐心解释、尽力解决,把解决群众信访问题作为听民声、化民怨、解民忧的实际行动,用自己对群众的感情、真情、深情架起警民之间的"连心桥"。

陈丰钦就是他们中间的一个。2021年,陈丰钦从石亭派出所所长调任市公安局信访督办科主持工作副科长。登记来信来访、答复问题、咨询解释、督办案件,调卷看卷、书写报告、汇报案情……白天,处理各类信访案件;夜晚,编写各类文书档案、答复意见书、办理报告、督办材料、动态分析、总结经验。

之所以乐此不疲,源于他一颗忠诚的为民之心。那是他在"漳州110"的10年里雕琢的从警初心,是始终拼搏奋斗的最深沉的驱动力。

1995年,毕业于福建工业学校的陈丰钦如愿进入"漳州110"。一次接警,让他在日复一日的执勤和巡逻中,看清了努力的方向。

当年冬月的一天,有人报警称:一位老人掉进了中山公园后门的一口古井中。带班组长王志强立即带领陈丰钦等2名民警赶到现场。只见古井长满青苔,井口很小,和成人肩膀差不多宽,老人正在井底痛苦地挣扎。"你们在上面帮忙拉绳子,我下去救人!"陈丰钦还来不及反应,一旁的组长王志强已经脱掉了上衣,在腰间系上尼龙绳就下了井。在众人的合力下,老人被救了出来,由于救助及时,身体并无大碍。而王志强的手上、身上却布满了擦伤。

这次的出警经历,让初出茅庐的陈丰钦暗下决心:"今后处置警情,一定要像组长王志强那般果敢、决绝!"

"进入'漳州110'就像进入一个'大熔炉'里,在老队员的影响下,我们自然而然讲政治、守纪律、讲规矩,也深深感受到'漳州

共同奋进新征程

110'人'急群众之所急'和一心为民的工作态度。"陈丰钦坦言,"漳州110"的工作经历,为他扣好了职业生涯的第一颗扣子,让他在之后的每一个岗位上,都时刻坚守为民初心。

到信访督办科之前,陈丰钦还先后在刑侦大队、派出所锻炼多年,参与过不少疑难复杂案件的办理和调解。从事信访工作后,陈丰钦在对案件事实的核查,对问题的分析处理,都有一套自己的办法。于是,在他的带领下,信访督办科集中大量时间精力对本单位历史遗留的未决信访积案进行全面排查,梳理出多起信访件,逐一认真查阅案卷资料,研究症结所在,走访信访对象和具体承办单位。"做信访工作,关键要将心比心、换位思考,以真情换群众的真心和满意。"陈丰钦说。

2022年以来,漳州市公安信访总量明显下降,信访件化解率为100%。

面对信访工作交出的"成绩单",陈丰钦表示,这主要得益于市公安局出台的领导接访约访制度。

为进一步畅通信访问题就地化解能力,市公安局制定出台了《关于市县两级公安机关领导接访下访工作机制》。每月10日(节假日顺延),举行市县两级公安机关集中开门接访,市公安局局长、分管信访工作的局领导、当日值班局领导都在接访之列;市公安局相关警种部门领导及前一个月到市局来访总量居全市前两名的县区局一名局领导,参加市公安局接访大厅的集中接访;市公安局其他局领导及局属各业务部门警种,分赴各县区开展集中接访下访约访活动。尤其是针对复杂疑难信访件,市公安局领导还会适时开展约访接访活动,深入基层认真听取群众诉求,帮助基层协调解决信访事项。

"看着一件件群众'急难愁盼'的事得到妥善解决,这是信访民警最有成就感的时刻。"陈丰钦说。

(王琳雅 采写)

永做"人民的保护神"

用科技守护一方平安

在公安队伍里,除了大家熟知的刑警、交警、特巡警……还有这样一群幕后英雄——科技通信民警。他们默默奋战在一线民警的身后,提供强有力的科技通信保障,用技术知识和不惧困难的开拓精神为一线尖兵铺就稳步前行之路,也为万家百姓送去平安和谐。

夜幕下的市区丹霞路,灯火璀璨,一如既往地惊艳迷人。市公安局科技通信处李彦豪,刚结束一天的高山警用通信基站维护工作。他平静地凝视着这座熟悉的城市,如同曾经他和同事们参与建设的警用350M集群通信系统一样,默默地守护着脚下这片美丽繁华的土地。

2011年,28岁的李彦豪从部队转业到漳州市公安局科技通信处。凭借过去10年在部队练就的过硬的"通信保障"技能,他主动投身火热的公安科技通信保障工作中。

2016年6月,李彦豪来到巡特警支队直属大队,光荣地成为"漳州110"的一员。李彦豪至今仍记得佩戴上红袖标的那一刻:"感觉它很'沉','沉'的是人民警察的职责,'沉'的是'漳州110'的精神和荣誉,'沉'的是今后肩上背负起的漳州人民的期盼。"

2017年8月的一天,正午,气温40摄氏度。李彦豪和同事巡逻至安然桥附近时,发现了一名迷路的老人。经过一番耐心询问,老人始终说不清家庭住址。李彦豪随即通过警务通相关系统,查询确认老人的身份信息,及时与指挥中心沟通联系老人家属并安全将老人送到家中。

从发现迷路的老人,到将其安全送回家,整个过程不到30分钟。将老人送回家人身边的那一刻,李彦豪明白了看似冰冷的科技通信设

共同奋进新征程

备背后的温度,他也更加意识到做好指挥体系通信保障工作的意义所在。

"科技手段让大海捞针的传统寻人模式,变成了通信设备上的数据联动。有了科技保障,才能让基层民警在最短的时间内解决群众的小事。"彼时的"漳州110",装备了内置接处警APP的一体化车载终端、行车定位仪、警务通、多功能执法记录仪等。正是这些先进的科技警务新装备,让后方对前端的支撑更灵敏、更便捷、更到位,也让110接处警"更快更灵"。

2017年12月,李彦豪回到市公安局科技通信处工作。从服务群众,到服务基层、服务实战,做好服务仍是李彦豪的工作主题。

"APP登录不了""××路监控点位能否调整"……小到警务通故障、大到业务系统联网,许多琐碎的事情都是通信处每天必须快速高效解决的问题。曾经作为"漳州110"一员的李彦豪深知,这些看似碎小的工作可能是基层民警服务群众受限或者办案遇阻的大麻烦。反应速度每快一秒,急难险重就远离群众一分。

从"漳州110"到科技通信处,让110接处警工作"服务更优、破案更快、挽损更多",既是"漳州110"的使命担当,也是李彦豪以科技通信技术助力警务服务成效的工作日常。

每当群众失物复得、家人丢失再团聚,一线民警通过科技通信技术破案或者服务群众的时候,也正是李彦豪这样的幕后科技通信工作者警察职业认同感和自豪感快速升腾的时刻。

从警10年间,李彦豪见证了漳州公安科技通信技术惠及群众的改革壮举。一件件科技通信设备仿佛一个个"千里眼""顺风耳",它们各显神通,不舍昼夜,为基层一线民警提供全方位、全天候的立体支撑,为全市群众提供接续不断的永恒守护。

(王琳雅 采写)

永做"人民的保护神"

让大数据"开口说话"

他们是警队里的"放哨人"。每天上班第一件事，便是打开电脑，从大数据中仔细观察案件走势，警惕防范各类频发案件。

他们是警队里的"分析师"。善用"火眼金睛"，从线索中"抽丝剥茧"，让大数据"开口说话"，协助侦办各类案件。

……

漳州市公安局110大数据中心，聚集着全市公安机关指挥情报工作的行家里手。他们中，有许多人来自"漳州110"，传承着"漳州110"优良传统，在情报主导警务大潮中，勇于自我挑战，不断攀登超

共同奋进新征程

越,全力推动指挥情报一体化,探索构建多警种合成作战机制,推动实战型公安指挥情报体系建设。

从"漳州110"优秀警员成长为指挥情报高手,110大数据中心教导员曾李鸿便是其一。2005年底,他从警校毕业,第一站来到素有"人民的保护神"之称的"漳州110"。第一次出警,让他至今难忘。

夜里,曾李鸿与师父柯继伟接到警情,一男子手持液化气罐冲进市医院急症室,追打患心脏病的大姨子。赶到现场时,曾李鸿被眼前"大场面"所震撼,柯继伟第一时间安排好他的任务。很快,附近梯队警察迅速聚集,其中正有时任"漳州110"大队长陈伟强。陈伟强瞅准时机,一跃而起,一脚将男子踹倒在地,随即将男子制服。

回到基地,初出茅庐的曾李鸿仍感惊心动魄,但领导率先垂范、前辈冷静应对、队友团结一致让他更加理解了墙上"人民的保护神"六个字的含义。随后的那段时间,曾李鸿"扎根"在队里:每天一有空,他就到党团活动室,认真学习各类教材案例;队里师兄一得闲,他便抓着对方问着一知半解的问题;接到任务,他总是第一时间参与,直到自己可以独立解决警情。

从服务群众,到维护治安,再至打击犯罪……警员们在"漳州110"的"大熔炉"里不断锤炼,践行着"人民的保护神"的职责与使命。

城市一天天扩张、人口一天天增加,警情更复杂,需求更多元,更深层次的改革创新势在必行。2017年,漳州市公安局推进警务机制和勤务制度改革创新,组建大数据中心;2021年1月1日,大数据合成作战中心启动运行。

许多像曾李鸿一样从"漳州110"成长起来的警员转换角色,成为大数据中心的一员。变的是工作岗位与环境,不变的是在"漳州110"养成的习惯与作风。他们仍以"精业务、懂技术、会研判、做榜样"的指挥情报人才标准来严格要求自己,通过请领导指导、向专家

永做"人民的保护神"

请教、让同事帮助等方式，读书学、网上学，快速掌握了指挥情报工作要点，熟悉应急指挥、情报搜集、数据分析、预警研判、动态管控等专业知识。

2021年5月14日8时许，沈某报警称其在"58同城"上加了一男子微信，双方见面后该男子以授权代理的名义诈骗其人民币20000元。接警后，大数据合成作战中心立即介入研判，迅速从众多线索中细细排查，确定嫌疑人的身份与位置，全程支撑服务落地抓捕。9时许，"漳州110"接入数据合成作战中心指令，在龙义区明发广场将嫌疑人抓获，总耗时37分钟。

这正是合成作战警务新模式的一个缩影。近年来，漳州市公安局坚持以"数据＋智力赋能、打造合成作战"为目标，以实战为导向，打破警种界限，打破地域界限，打破传统建制和分工，构建合成作战体系，推进漳州公安警务升级。

警情驱动快反，中心首开各类违法犯罪警情派警同步启动合成研判的先河，建立警情处置现场前后端多警种一体化合成作战模式，实现快速反应、快速抓捕、快速挽损工作目标；合成快速抓捕，实时合成研判，推送指向性线索，第一时间锁定嫌疑人身份及位置，全程支撑服务落地抓捕；合成追赃挽损，坚持破案抓人与追赃挽损并重，把追赃挽损作为合成作战价值追求，有效提高群众的获得感、幸福感。

2021年至2022年，全市共通过合成作战研判破获案件8000余起、抓获违法犯罪嫌疑人12000多人，为群众挽回经济损失4900余万元。

（廖瑜婷 采写）

共同奋进新征程

当好群众的"反诈卫士"

深入践行"四专两合力"理念、创新打造反诈"云平台"、探索全息反诈技战法……近年来,龙文区反诈骗中心紧盯电信网络诈骗犯罪新形势、新变化、新特点,在执法中重拳打击电信诈骗网络犯罪,坚持"打"和"防"两手发力,突出"打"这一"杀手锏",突出"防"这一"金钟罩",成为人民群众的"反诈卫士"。

"早一秒也许可以阻止一场骗局,晚一秒也许就会多一人上当。"这是市公安局蓝田经济开发区派出所警务三队队长、龙文区反诈骗中心主任施晓健常说的一句话。

作为一名曾经的"漳州110"民警,"急群众之所急"和"一心为民"已深深刻印在施晓健心底并成为自觉行动。面对不断升级的诈骗手段,他说,反诈工作也要又快又灵。

以快制快,走在时间之前

在施晓健的带领下,龙文区反诈骗中心将打击防范电信网络诈骗"四专两合力"理念融入工作实践,内部整合公安数据资源,外部联合中国电信接入启用全国反电信网络诈骗专用号码96110,创新打造全息反诈"云平台"。

"借了30万,就差输入验证码。多亏了施警官!"黄女士将一面绣有"人民卫士 反诈先锋"的锦旗送到了龙文区反诈骗中心。原来,在前一天,龙文区反诈骗中心预警系统智能监测到辖区黄女士接到诈

永做"人民的保护神"

骗电话,"云平台"第一时间智能呼叫黄女士进行先期预警。在"骗子"不断加码诱导之下,提高风险等级的信息同步推送到施晓健手机上,但此时,黄女士竟失联了。通过数据研判,施晓健发现黄女士购买了一张30分钟后就要发车的动车票。他抓起车钥匙驱车赶往动车站,在登车前一刻拦住了又在转账的黄女士。

如今,"以快制快"的预警模式在龙文区反诈骗中心已经成为常态,为劝阻止付、上门宣防争取了宝贵的一分一秒。2022年夏季治安打击整治"百日行动"以来,"云平台"共预警8000余人次,发送短信预警40958条,见面预警3021人次,成功为辖区群众预警劝阻止损125万元。

共同奋进新征程

"全链条"打击，预判犯罪分子的预判

2021年起，龙文区反诈骗中心便组建专班，开展优化调整电信网络诈骗犯罪打击防范工作专题研究，探索以警种合成打击电信网络诈骗"全链条"技战法，成功推动反诈骗中心与合成作战中心、大数据中心、法制等部门的协同配合。如今，"市—区—队"三级全息反诈技战法和"本地公安—银行机构—外地公安"闭环协作法，迅速成为指向电信诈骗网络犯罪分子的一把尖刀利刃。而以龙文区反诈骗中心主任施晓健名字命名的"施晓健工作室"及其反诈专业队成为当地家喻户晓的警务品牌。

2022年3月，龙文区反诈骗中心接到报案。一老人被诈骗分子以销售药品为由，转账了一万元，一气之下卧床不起。施晓健立即带领

永做"人民的保护神"

反诈专班开展专案侦查,查实嫌疑人落脚在安徽后,将案件及嫌疑人信息同步推送给当地公安机关,并于当天带队赶往安徽实施抓捕,在飞机落地28分钟后,便将犯罪嫌疑人抓获,并顺利牵出幕后链条,追回老人的钱款。

2022年"百日行动"期间,在"施晓健工作室"的带动下,龙文区反诈骗中心又吸引了110名反诈志愿者的加入,电信网络诈骗警情数同比下降了43.2%。不仅如此,龙文区反诈骗中心还建立本地大案"一案一专班"快侦快破机制,以缅北窝点为重点,以打击偷渡为抓手,以铲除黑灰产为基础,确保在"断流·清源"专案统一收网行动中提高成案率。自"百日行动"以来,共破获电信网络诈骗犯罪案件40起,集群战役目标案件3起,均在行动期间成功收网,名列全市第一,成功遏制电信网络诈骗违法犯罪高发势头。

因成绩显著、事迹突出,施晓健被评为2022年全国"最美基层民警",将"漳州110"的精神内涵进一步丰富并发扬光大。

(王心如 采写)

④ 守的是人民的心

　　找到走丢的孩子、追回被盗的电动车、协调紧张邻里的关系……无数"漳州110"的微故事，就这样在百姓口中传扬。

　　繁浩的社会治理工程，以直观的日常呈现在百姓眼中，形成百姓关于幸福、安全的理解与感受，这是一篇民生大文章。

　　"一枝一叶总关情"。"漳州110"由人民警察队伍的机制创新，而成为镌刻着三十年奋斗历程的社会历史文化记忆，成为新时代文明实践的重要成果，一个"守"字，道出真谛。守的是万家灯火，守的是人民的心。

永做"人民的保护神"

人间烟火百姓情

市民康女士:有你们守护,这里就是我的家乡

"喂,110吗?我婆婆和我5个月大的孩子不见了,快帮我找一找!"2017年6月9日中午11时许,"漳州110"民警接警后迅速赶到现场。

民警了解到,早上10点钟左右,家住市区四季园著的康女士和其婆婆带着儿子到南坑社区服务中心打疫苗,打完疫苗后婆婆带着其儿子搭乘出租车先回家,康女士自己骑着电动车回去。没想到回到四季园著后,康女士并没有见到婆婆和儿子。康女士的婆婆是外地人,只会讲他们当地的方言,而且身上没有带手机,烈日炎炎的中午,祖孙二人会去哪呢?会不会是出什么意外了?在外地的老公听到消息后也在电话里跟她急,更加剧她的焦虑。异乡打拼,人生地不熟,康女士心乱了。

民警杨志祥、蔡益亮开始向康女士了解祖孙二人的体貌、着装特征,康女士气急跺脚大叫:"你们还不快去帮忙找人?还在这里瞎耽误工夫?"民警好言抚慰:"你放心,我们一定帮你找到人。"在出警过程中经受误解,是每一个110民警的人生必修课。心中有百姓,委屈便是成长的催化剂。自己受点委屈,百姓感到温度,所付出的一切便是值得。

调取了南坑社区服务中心监控以后,迅速联系了的士司机,司机

守的是人民的心

说老人和小孩是在四季园著下的车。民警又迅速调取了小区门口监控，而那里恰恰是监控死角，看不见老人小孩的踪影。在这样的情况下，解决案情既要靠天眼，也要靠心眼。一个老人抱着一个小孩是走不远的，两个民警立即将该特征通报给路面执勤的民警帮忙在小区周边进行走访、寻找，他们也骑着摩托车迅速在小区周围巡查了一圈，没有发现一老一小的踪迹。外围排除后，他们缩小范围，进入小区进行地毯式搜索。

康女士的老公刘先生此时心急火燎地从外地赶回来，看不见母亲和孩子，也是血往上涌，夫妻俩又爆发了激烈争吵。杨志祥警官握住刘先生的手说："来，你回来刚好，多一个人，多一份力。我相信，一定会找到祖孙二人的！"

骄阳似火，民警戴着头盔，汗水汗湿了头发，顺着前额滴进眼睛里，火辣辣地疼痛。小区范围较大，走完一圈大概需要半小时，他们分头行动，一左一右形成包围圈搜索。时间一分一秒地过去，焦虑一分一秒地增加，唐女士几乎崩溃。民警突然灵光乍现：这么热的天气，地面已经全部搜索完毕，老人会不会带着小孩躲进地下停车库呢？两人急忙冲进地下停车场，果然发现了老人抱着小孩的身影。这时，是中午12点半。民警如释重负：终于不辱使命了！

原来，婆婆忘了带钥匙，所在楼房门禁也开不了，外面天气炎热，于是她就抱着孙子误打误撞进了地下停车库。

一场虚惊，但人情冷暖都在里头。刘先生说："'漳州110'有担当，有责任心，心里装着群众，不是亲人却胜似亲人。"

等唐女士松下神经，回过神来，想起刚才天要塌下来似的慌乱，不由得热泪盈眶："'110'真好，真是太感谢你们了！对于异乡打拼的我们来说，有你们守护，这里就是我的家乡！"

永做"人民的保护神"

市民黄小华：你们小小的善举是对我大大的帮助，难怪"漳州110"全国都出名

"我受不了了！"当黄小华拨通110这三个电话号码时，她激动地喊道。

黄小华是一名职工，家住芗城区建元路丽景花园。2021年1月5日她报警了。"我实在忍无可忍了！"黄小华深受楼下快餐店的噪声困扰，已经整整两个月了。在这两个月里，她找对方协调了好多次，经常就是消停一阵，又重新开始吵闹。就在她准备采取报复措施的时候，女儿对她说："你报警吧，让警察来跟他们说。"

三分钟以后，在路面巡逻的王警官接到指令后迅速抵达现场。黄小华告诉王警官："我每天上晚班，白天在家休息，在我休息的时候，楼下快餐店的噪声非常大，让我无法入睡，整天头昏脑涨，精神也处

守的是人民的心

于极度紧张的状态。我跟对方协调过，但是对方的态度非常不好，一言不合，大家就吵起来，我的血压顿时升高，感觉血液一下冲到头上，就差打120住院了。"王警官耐心听完黄小华的诉求，立即下楼与饭店老板协商沟通，他说："邻里和睦很重要，俗话不是说'远亲不如近邻'吗？如果黄阿姨采取报复措施，让你生意做不下去怎么办？要将心比心！"快餐生意是辛苦活，店主起早贪黑的，忙的时候连喝水都顾不上，有的是烦心的时候，看到警察上门调解，他也理解邻居心中的不满。他解释说因店里的土豆需要炒制才能卖出，待冰箱里的土豆处理完后，就停止使用制造噪声的大功率油烟机。然而，店老板并没有履行他的承诺，几天过后，噪声问题依然很严重。就在黄小华以为这件事会和之前一样没有结果的时候，王警官又去找快餐店老板协商。他白天去，晚上去，节假日也去，为这件事来来回回跑了十几趟。王警官跟老板说："实在不行，把这些剩下的土豆卖给我吧，这部机器就别用了。"店老板向王警官承诺："已经购置新装备，到了马上就整改。"

1月8日，王警官再次到店走访。看到王警官这么执着，这么辛苦地一趟趟来回跑，店老板十分愧疚地说："这次肯定解决，一定不会让您再多跑一趟！"

1月10日这一天，黄小华再也没有听到楼下的噪声，问题彻底解决了！此时此刻，她对"漳州110"充满感恩，说道："到哪里去找这种警官，他跟你一点亲戚关系都没有，却跟亲人一样亲。我真的非常感动，感谢'漳州110'的好同志，你们小小的善举是对我大大的帮助，难怪'漳州110'全国都出名！"

事后，黄小华母女俩给110送去了一面大大的锦旗，她紧紧握住了110民警的手说："我不知道如何用言语表达，这面锦旗表达了我对'漳州110'千言万语的感激！"

永做"人民的保护神"

普通人的生活，不免夹杂着甜酸苦辣，矛盾引发于日常，解决于情理，依靠的是一颗坦诚的心。人间烟火百姓心，不就是这个味道吗？

市民林丽萍：有这么多优秀的警察守护，家乡漳州一定会更美好

2021年的冬天，林丽萍像往常一样下班，因为加班到很晚，寒冷的天气让她决定不骑电动车，而是打的回家。于是，她把电动车停在公司旁边的酒店门口。第二天上班的时候，她发现电动车不翼而飞。这辆车是家人送给她的生日礼物，崭新小巧，骑在路上心里总是暖洋洋的。此时此刻她懊恼极了，想："电动车估计是找不回来了。"同事对她说："你打110吧，报警了就有希望。"林丽萍抱着试一试的心态拨通了110报警电话。

电话很快接通了，细心的110民警让她发送定位。5分钟不到，110民警便赶到了。在听完情况介绍以后，民警立刻前往酒店调取监控录像，从监控视频里，民警发现了具体的丢车时间和犯罪嫌疑人。林丽萍此刻仍然不抱希望，茫茫人海中如何去寻找偷车贼？

没想到，当天下午林丽萍就接到了"漳州110"的电话。电话里传来了好消息："您失窃的电动车已经找到，请您速去西桥派出所认领……"林丽萍说："听到这个消息，我开心地跳了起来，那感觉就是就像中了彩票。车子刚丢当天就找回来了，110真是又快又灵。"林丽萍立即前往西桥派出所认领，民警跟她说："偷车贼已经被抓获了。"在认领完电动车以后，林丽萍特意问道："是哪个警察帮我找回电动车？我要好好当面感谢他本人！""就是这位110的邱警官。"林丽萍连忙道谢："能告诉我您的名字吗？我想送锦旗表示感谢。"邱警官热情地对林丽萍说道："这是我们应该做的，我们的名字就是

守的是人民的心

'漳州110'。"

林丽萍骑着失而复得的电动车来到"漳州110"基地,带来了一面锦旗。面对"漳州110",她激动地说:"有这么多优秀的警察守护,家乡漳州一定会更美好!"

一件小事,关乎百姓切身感受。一辆普通电动车的丢失,乍看是寻常事,但那是一件珍贵的生日礼物,载着亲情,载着家人的祝福。

永做"人民的保护神"

失而复得的,不仅是一辆电瓶车,也是对城市的美好体验,这不就是普通百姓的幸福感、安全感吗?

离群众更近一步,为群众破小案、帮小忙、解小忧,让"微"服务更有温度,让群众更有获得感。人间烟火百姓心,这是"漳州110"深得百姓信赖的真谛。

(陈瑞煊 叶子 采写)

守的是人民的心

有种默契叫并肩战斗

漳州市医院急诊科医生潘中玉：并肩战斗，共同为漳州百姓的生命安全护航

在潘中玉医生心中，"漳州110"是最可以信赖的战友！

潘中玉是漳州市医院急诊科的医生，他救助过许许多多的伤者。通过伤者，潘医生认识并走进了"漳州110"这个群体。潘医生觉得，能与"漳州110"并肩作战，守护着漳州老百姓的生命安全，是一个光荣的使命。

2022年7月的一天，清晨3点，急诊室里两个醉酒男子正声嘶力竭地叫喊着。根据送人来的110民警介绍，这两名男子醉酒后在芗城区瑞京路摔倒受伤。潘医生检查了一下伤势，皮肤多处擦伤，必须马上止血消毒。"我没事，别拦着我，我们去下一场继续喝。"其中一名醉酒男子开始手舞足蹈起来，而另外一名醉酒男则骂骂咧咧，并开始脱衣服。民警说："潘医生，你给他们止血一下，再给他们吃点醒酒药，我来联系家属。"潘医生和值班的两个女护士赶紧为这两名男子治疗。就在此时，那名脱了上衣的醉酒男突然耍起酒疯，并扬言要打人，当时，诊室里还有其他患者，气氛一下子紧张起来。"我们是警察，你们不要胡闹，再闹就带去派出所！"民警一下子就把两名醉酒男子按压在椅子上，威严气势把他们镇住了。这两名男子此刻也清醒了一些，渐渐安静下来配合治疗，随后他们的家人也赶了过来，喧

永做"人民的保护神"

闹的夜晚便又恢复了宁静。

像这样的不眠之夜,潘医生说他经历了很多:有在雨夜骑车摔倒送医的,有迷路的老人受伤被送来救助的,有因为发生交通事故受伤急救的……

急诊室里的情景,像城市生活里的一个缩影,每个急诊患者背后都有他们的故事,每个故事的背后都有他们家人的牵挂。那两个醉倒在街上的男子,和这个城市里千千万万的人一样,也不过是孩子的父亲,父亲的儿子,妻子的丈夫。那一夜的醉酒,也许不过是奔波日子里的一次偶然失态,等到第二天天明,他们又是在生活中努力的人。无论对于医生还是110民警来说,他们也是需要关心救助的一种人,群众信赖"漳州110"正是从他们身上感受到了这些细微小事中的人间暖意。

"我们不是同行,胜似同行,我们并肩战斗,一起为漳州老百姓的生命安全护航。"潘医生的话语中充满了对"漳州110"的敬佩和崇拜!

漳州曙光救援队队长陈建武:向漳州110学习,共同为生命救援

漳州曙光救援队是一支民间自发组织的志愿者救援队,他们的身影出现在许多危险的救援行动中。陈建武是救援队的队长,他的愿望就是跟他哥哥一样回馈社会,服务漳州百姓。

陈建武的大哥是"漳州110"的第一批队员,谈论起大哥的时候,陈建武的脸上充满了崇拜的表情,他说道:"记忆中的大哥身上经常淤青、流血,当他告诉我刚解救了一名高楼受困群众,或者救起了一名落水女子时,他的表情总是很笃定,让我感觉很踏实。"

守的是人民的心

在哥哥的影响下,陈建武决定成立一支民间志愿队。2021年10月,陈建武联系了一些有专业技能又热心公益的朋友,有游泳教练、反扒志愿者、野外生存爱好者等,成立了漳州曙光救援队。"我们要向'漳州110'学习,共同为生命救援。"谈到建队宗旨,陈建武这样说。

2021年10月的一天,"漳州110"给曙光救援队发来信息:"陈队,您好,龙海九湖镇有一村民走失,女性,年龄60多岁,请曙光救援队协助寻找救援!"陈建武迅速在手机键盘侠敲下两个字:"马上!"

救援队立即赶到龙海九湖镇事发地,110队员向陈建武介绍情况:"老人是一天前走失的,家人焦急万分,找了整整一天,走失的阿姨有精神障碍,我们找了两个小时仍不见踪影,很有可能已经上山了,建议往大山里寻找。"

陈建武立即指示队员上山参与救援。救援队使用无人机红外搜索。半个小时过去了,没有任何发现。一个小时过去了,仍然一无所获。天色渐渐暗了下来,所有人越发焦急起来。陈建武看了一下身边的110队员,他们的脸上写满了坚持。这种表情,陈建武在他哥哥的脸上经常看到。

"陈队快看,这里有个热点!""飞机再飞近一点!"110民警的声音里带着激动和急切。无人机迅速抵近观察。"没错,是个人,还活着!"陈建武大声喊道,确定了方位以后,救援队立即前往既定地点。走失老人被找到了。10月份的大山里,天气很凉,由于饥渴和失温,走失老人虚弱地躺在地上,如果再晚来一步,后果不堪设想。"漳州110"队员立即将走失老人送往医院救治。在医生的治疗下,老人终于醒了过来……

事后,老人的家属为"漳州110"和曙光救援队送去了锦旗表达感谢。陈建武拿着锦旗,心里感到沉甸甸的责任。他说:"我手上拿着一面锦旗,有自豪更有责任。我参观过'漳州110'先进事迹展示馆,

永做"人民的保护神"

当我进门的时候我被震撼了,那一面墙上挂着成百上千的锦旗,这是30多年来,'漳州110'全心全意为漳州老百姓服务的见证,也是百姓对'漳州110'的高度认可。此时此刻,我的内心波涛汹涌,我们要向'漳州110'学习,同时也为我们能加入他们的行动而被倍觉自豪!"

芗城区东园社区主任许新红:共建共治,"社区(乡村)110"打造基层社会治理新模式

"群众拨打110或直接跟网格员、警员联系,就能获得帮助。"芗城区东园社区主任许新红说。

漳州市芗城区东园社区组建了小区物业、楼管人员、社区干部等在内的21人巡防队伍,过去是公安机关自己去排查隐患,发现案件线索,现在通过"社区(乡村)110"平台,问题、隐患、矛盾主动提供上来,治安水平显著提升。漳州市公安局芗城分局巷口派出所民警介绍,2019年以来,通过这一机制,先后打掉了辖区内10个电信诈骗、传销窝点,抓获34名在逃人员。

作为新时代"漳州110"的精神向基层辐射带动的产物,"社区(乡村)110"注重解决基层社会治理的难点、痛点和堵点问题,创新城乡社区网格治理"2+N"模式,暨"社区(乡村)110"模式,其中,"2"是城乡社区农村的网格员和民警,"N"是治安巡防队、法律援助队、志愿服务队等若干支专门队伍。

"社区(乡村)110"既是百姓家门口的"110",也是百姓自己的"110"。通北街道金源社区辖有10个小区,共有居民1789户,5003人。由于建设年代较早,老旧小区多、老人多,管理服务难度较大,在成功引入城乡网格治理"2+N"管理模式以后,老社区焕发了新生机。

守的是人民的心

"共建共治,'社区(乡村)110'打造基层社会治理新模式。"芗城区东园社区主任许新红说。

林珊是金源社区4个网格员之一,在一次日常的片区走访中,她发现腾飞花园小区有25户房产由于历史遗留问题无法办证。"房产证办理是家家户户的大事,我得知这个事情后马上反馈给我们社区党总支。"林珊对这件事十分重视,社区党支部抓紧召开了会议,并邀请相关单位前来参加。在社区、街道以及各个部门积极沟通协调下,25户居民最终顺利办理了房产证。"房产证能办下来,多亏了'社区110'的努力,是他们让小区越来越好。"居民顾炳南对"社区110"给予很高的评价。此外,金源社区还依托"漳州网格E通"APP,实现群众诉求线上线下联动治理。

4月26日上午,金源社区网格员、社区书记许素琴处理完一起事件刚回到办公室,手机立马又推送了一条信息:"我们小区的垃圾堆很乱,很多都满出来了,能不能处理下?"许素琴打开"漳州网格E

永做"人民的保护神"

通"查看,并将具体地点推送给该小区物业。不到一个小时,物业反馈事件已处置完毕,许素琴立即将处置后现场照片上传,将之反馈给群众。看到自己的问题得到解决,陈先生不禁为社区工作人员的效率点赞。为实现小区长效化管理,金源社区还引进区属国企芗江物业,解决了重新规划停车位、改建凉亭公园等居民强烈反映的问题,让原本破旧小区实现"大变身"。

金源社区积极探索"2＋N"模式结合"漳州网格E通"应用拓展,依托微信公众号"漳州E通""采集、分配、办理"一体化线上处置功能,加快社区"2员""N队"派单接单速度,追溯群众评价反馈,实现群众诉求线上线下齐抓共管联动治理。"党的二十大报告中指出,畅通和规范群众诉求表达、利益协调、权益保障通道。"许素琴说,"作为一名基层工作者我们始终围绕居民群众所思所盼,通过群策群力协商共治模式,着力破解老旧社区改造后续无人管理、回迁房办证难等居民急难愁盼问题1468件。"

守的是人民的心

　　如果说"社区110"推进了市域社会治理现代化,"乡村110"则打通了基层社会治理"最后一米"。

　　南靖县南坑镇是福建最大的兰花集散地,也是茶叶的种植区。每年种植兰花4000多亩,年产高山茶1000多万公斤。"在南坑镇产业园区,之前经常发生盗窃破坏案件,对乡村经济造成很大影响。"当地花农黄长福无奈地说,"不过现在好了,我们有了一支队伍,很好地遏制了这种现象。"黄长福口中的这支队伍就是"乡村110",它整合本地力量组建幽香兰谷队、茶叶技术服务队,在种植园区周边建成警务工作站,每日组织安全检查巡查。"'乡村110'立足本地,为山区产业保驾护航,巩固了脱贫成果,帮助了更多的养兰人、种茶人致富奔小康。"南高村村主任张燕珠说。

　　"乡村110"还为村民开展法律援助和技术指导,帮助农民提高收入。针对山区交通闭塞、生活不便的问题,"乡村110"统筹附近几个村的车辆组建爱心服务车队,免费为困难群众提供交通服务,成立由镇卫生院医生、卫生所医务人员组成的医疗服务队,每月对辖区进行访查和健康指导,免费看诊。

　　南坑咖啡生态观赏园也是该镇的重要支柱产业,"乡村110"主动与生态园共建,在园区内建成警务工作站,合理设置快速反应圈,形成"点线结合、连块成面、整体覆盖"的巡控网,有力保障园区安全。

　　"乡村110",这支小队伍护航漳州乡村振兴"大格局"。

"漳州110"五中队民警黄青平:共创共享,让文明之风吹遍漳州

　　文明是一座城市的内在气质,也是一座城市的幸福底色。整洁有序的大街小巷,修葺一新的老旧小区,创意十足的公益广告,斑马线

永做"人民的保护神"

前文明礼让的暖心画面，还有"红色马甲"活跃的身影和高扬起的可爱笑脸……在文明创建的战场上，有这么一群身影，他们以"漳州110"的精神气质融入创城行动，以"警察蓝"变身"志愿红"，以实际行动助力创城攻坚。"漳州110"五中队民警黄青平就是其中的一员。

"您好，这是我们的创城及相关知识宣传单，我们要共同努力，创建属于大家的文明城市。""漳州110"民警黄青平正在耐心地为市民讲解创城知识。2022年6月，"千警进街区，共创文明城"的活动拉开序幕，"漳州110"民警、社区民警与社区党员志愿者深度参与创城工作。入户宣传结束后，黄青平与社区党员志愿者、安保人员一同前往市场开展清扫、维护秩序等工作。"每日临近市场早高峰结束时段，我们都会加强管理，为群众营造有秩序、美观的市场环境。"黄青平说。

在创城行动中，漳州公安民警充分发挥党建引领作用，党员民警佩戴党徽、身穿红色志愿服，深入小区、街巷补足电动车、小车停车线规划，小区居民都热烈支持，群众也自发帮忙参与建设"自家门前"的停车位，形成共建共创的良好氛围。

守的是人民的心

"免费馈赠是骗子的诱饵……"民警结合实际案例，向社区居民开展反诈骗宣传，揭露高发的各类电信网络诈骗和养老诈骗手法，提高居民的防范意识。

在腾飞路与元光北路路口，一人突发疾病，晕倒路边，执勤民警立即上前救治，联系该人家属。经现场急救，该人恢复清醒，由家属接往医院。

石仓路与新浦东路路口，一名骑电动车的中年妇女因雨天路滑摔倒在地，正在路口执勤的民警立即上前，将这名小腿被电动车压伤的妇女扶起，帮助

联系她的家人，等家人驾车赶到后，又扶她上车送医。

文明创建行动中的一个个镜头记录了漳州警察的执着与坚守。

2022年6月16日，漳州市区大雨滂沱，人车拥堵，路面湿滑。在漳州城区的各个路口，身着"荧光绿"的漳州交警，正在耐心劝导骑电动车的市民文明出行。"您好，请您佩戴头盔！""您好，请勿逆向行驶！""您好，请勿加装遮阳伞！"他们在暴雨中疏导交通，劝导司机、骑行者、行人各行其道，劝阻乱穿马路的行人，制止非机

永做"人民的保护神"

动车逆行、违法停车等行为。"外卖骑手是事故多发的群体,为了在规定时间内完成订单,很多外卖骑手常常不顾危险抄近路、超速、闯红灯、逆向行驶,相关交通事故也随之剧增,严重扰乱了正常的道路交通秩序。"为预防和减少事故,结合外卖配送高峰期、集中通行路段、违法事故高发区域,漳州交警在中心城区63个路口、45条主次干道和学校、菜市场周边道路等重点部位,持续开展外卖配送车辆专项整治行动,他们雨中的身影,成为文明城市一道亮丽的风景。

全国文明城市这块"金字招牌",是一份荣誉,更意味着始终如一的贯彻、坚守,漳州公安系统在这场大考中,交出了令人满意的答卷。

(陈瑞煊 采写)

5 共创美好的时代

一个温暖的城市,一群善良的百姓,一种包容的文化,滋养了一个可亲、可敬、可爱的集体,人们一起探索社会治理的成功经验,一起讲述警民和谐的动人故事,一起创造面向未来的美好时代。

永做"人民的保护神"

共创美好的时代

"漳州110"纪实文学《忠诚》作者赖妙宽：漳州百姓从"漳州110"队伍里看到了警察队伍的光辉形象

"漳州110"在当时的历史条件下出现的意义非常重大，对整个公安系统的形象改善作用突出。20世纪90年代初，当时我们公安民警一方面在超负荷运转履行职能，但是另一方面群众并不满意，这就是"漳州110"初创之时的时代背景。

共创美好的时代

"漳州110"的诞生引发了全国性的大讨论：公安的职能是什么？人民公安是为人民服务，但总是更多地体现在打击犯罪上，这远远不能满足人民群众的需求。"漳州110"抓住了时代的痛点，其热情服务和快速反应机制的建立，一下子就抓住人民群众的心。漳州百姓从"漳州110"队伍里看到了警察队伍的光辉形象。

虽然时代不同了，老百姓的需求不一样了，但是我相信"漳州110"，一直以来她都抱着这样的信念，就是主动去寻找新的办法，能够让我们党的事业发展得更好，让人民群众的需求更好地得到满足。特别是注重与时俱进强队伍，一方面，用科技和信息化手段武装队伍；另一方面，不断提高人员执法素质、提升专业技能、提高解决人民矛盾纠纷的能力，始终能够做到快速反应、精准研判、热情服务。这两点不仅对整个公安系统而言，而且对我们政府各职能部门、各行各业的人来说，也具有借鉴意义。应该说，在新的历史条件下，如何密切与群众的关系，从"漳州110"的角度出发，我觉得应该在服务的科学性、高效性、精准性方面再下功夫。

中共漳州市委党校副校长庄建平：他把社会资源进行优化整合，从而为社会公众提供更加优质、便民、高效的公共服务，这是符合新时代的社会治理体系

"漳州110"的先进事迹，作为最本土、最年轻的一个典型范本，无论是警务改革还是社会治理，都值得梳理、学习和总结。回望30多年走过的探索、发展和推广的艰辛历程，漳州110的变与不变极为突出和鲜明。30多年始终坚守的价值追求与政治立场，是其不变的底色与情怀；30多年不断迭代的服务理念和联动机制，是其创新的勇气与

永做"人民的保护神"

智慧。就此我想谈两个关键词及三点体会。

关键词一：坚守。30多年来，"漳州110"坚守的政治立场和人民至上的政治情怀从来没有改变。政治立场主要表现在忠于党的政治品格，服从党的命令，听从党的指挥。政治情怀展示是的中国共产党人的价值追求，无论接到的求助是否属于警务范畴，人民的需求就是110的职责，在第一时间、承接人民群众最迫切的需求，并竭尽全力回应、满足公众"急难愁盼"的问题，既是体现了漳州民警的风范，更展示了共产党人的风骨。

30多年来，"漳州110"始终没有改变的就是他的价值追求，就是"人民的保护神"的至高使命，就是把人民的需求始终作为核心目标，这是最难能可贵的。也正因为有这种追求，"漳州110"始终能够得到老百姓很高的评价。老百姓的口碑就是对这种核心价值观的认同、认可和高度的赞扬。时代不断变迁，"漳州110"走过30多年，经历了很多风雨，也有一些挫折、坎坷、不解、误会，但是始终没有改变自己对人民诉求的回应和满足，这一点应该是"漳州110"这个团队或者漳州警察系统最值得去传承和弘扬的一种精神实质，是人民警察的灵魂。

关键词二：创新。30多年，梳理"漳州110"所走过的点点滴滴，

共创美好的时代

探寻每一面锦旗背后的故事,品读每一封群众来信的赞誉,"漳州110"源于时代转型的迫切要求,更超越了时代所赋予的使命与担当。从公共管理学、人民警察学、社会学等角度深度剖析"漳州110"的成功密码,主要有以下三点。

一是刷新传统认知,突破业务界限。

第一代110团队用自己的经费去街上做广告,我想很多老百姓都有看到过。110业务突破了原来传统的警务工作边界,之所以敢于突破,能突破,从学理上讲是刷新了公共管理的价值定位与追求,就是漳州110首任队长说的,我们是人民的警察。

二是创新体制机制,优化资源配置。

"漳州110"历经几代人的传承发展,管理机制、制度不断地在创新。这种创新履行了其承诺——更快、更便捷,哪怕缩短5秒、10秒,能够第一时间走到群众的身边,就能更好地解决群众的困难。从20世纪90年代末的联动到新时代的网格化运作,到2017年与12345服务平台的深度联动,体制、机制创新,让公共资源得到最佳配置,以更快、更优的服务回应公众的诉求,以最便捷、最高效的方式化解基层危机,可谓是新时代践行枫桥经验的典型范本。

三是更新服务系统,精准提质增效。

从20世纪80年代末90年代初,最传统、最原始的接、处警方

永做"人民的保护神"

式,到新时代,智能化、网格化回应公众诉求,从全人工操作到大数据平台的投入与运用,体现的是110不断根据时代变化,加强队伍建设,精进自我学习提升,以最优质、最时尚、最温情的服务,呈现新时代人民警察的新形象,在不断提质增效的接、出警中,夯实群众基础,密切警民关系。

从新时代来看,这种新型服务系统的辐射范围更广,我们叫"2+N"的社会治理模式。它不仅在系统内进行资源整合,也把社会各种资源一并纳入,从而为社会公众提供一种更加优质、便民、高效的公共服务,推动了漳州现代化治理体系的创新发展。

我们可以通过抗击疫情、文明城市创建等实例来分析这种新型的社会治理模式。在2020年初,许多社区党员、普通市民成为志愿者,深入一线去共同解决疫情中百姓的需求,这就是社会资源的调动、优化和整合。如果单靠政府或者单靠110,很多事情的时效性没有办法得到满足。这里有很突出的一个案例——"芗里芗亲"APP。它发动每个人去发现问题、监督管理,老百姓有诉求就上传到这个平台,APP通过线上线下的同步互动,监督相关部门跟进管理,到最后的完满解决。它的理念,就是"共治、共享、共建"的全民参与理念。在这个过程中,漳州老百姓的平安指数、幸福指数都是比较高的。所以从这个角度来讲,我觉得漳州是一个温暖宜居的城市。因为这里有一支队伍叫作"漳州110",有一种风范叫作"人民的保护神"。当然,这里也有一群非常可爱的、善良的、包容的民众,他们所给予110的认可,实际上折射的是闽南人、闽南文化非常朴素的底蕴,就是"推己及人",能够想他人所想,能够站在自己和他人的立场去共情,能够共同创建一个更加美好的时代。

共创美好的时代

十八大、二十大代表，漳州市实验小学党委书记兰臻：
警校共建促进良好校风的整肃与学生良好行为习惯的养成，砥砺学生自强不息、奋发向上

近年来，漳州市实验中心小学与"漳州110"进行了深层次的共建。通过治安综合管理的形式，来维护平安校园的师生安全与正常的教学秩序。如专门设立护学岗，上下学的高峰期，110的警员们都会准时准点地出现，成为来往车辆与过马路的小朋友们最具人情味的"信号灯"，因为有他们的警力加盟，来往的车辆礼让三分，学生的平安满意率也喜获高分。每学期，"漳州110"都会派警官到学校授课或开设讲座，普及法律，组织师生观看禁毒教育视频，协同开展"交通安全知识竞赛"、反校园霸凌活动等，不仅强化了学生的法律意识与安全意识，还有效地预防了青少年的违法犯罪，促进良好校风的整肃与学生良好行为习惯的养成。每学年，我们的学生都会走进"漳州110"事迹展览馆，了解"漳州110"的发展历程，学习"漳州110"先进事迹，感悟"为人民服务"的精神内涵，近距离地感受特警武装的力量，深切感受到为人民服务就要有坚强的体魄和坚韧的精神，他们那"不忘初心，艰苦奋斗，赤诚为民"的精神成为每一位同学的精神财富，激励他们在今后的日子里自强不息、奋发向上。

"漳州110"的先进事迹在新时代中具有重要意义，"漳州110"将人民群众对美好生活的向往作为不懈追求。在这个基础上，他们不断推动警务机制改革，不断探索为人民服务的新方法，不断完善社会治理的新方式和新手段，成为漳州人民最信赖的人，让"远亲不如近邻，近邻不如'漳州110'"的佳话在漳州百姓间口口相传，成为漳州城市一面熠熠生辉的精神旗帜。

不久前，"漳州110"被中宣部授予"时代楷模"荣誉称号，说明"漳

永做"人民的保护神"

州110"是新时代的正能量、主旋律,更是时代骄傲,这个荣誉也承载着党和人民对"漳州110"的谆谆嘱托和殷切期盼。

国家行政学院一级教授、中国领导科学研究会常务副会长兼秘书长刘峰:"漳州110"不断的创新发展是习近平新时代中国特色社会主义思想在福建和全国公安系统生动而又成功的实践

大力弘扬新时代"漳州110"先进事迹有助于当前形势下我们结合工作实际更好地学习贯彻习近平新时代中国特色社会主义思想的精神实质。"漳州110"先进事迹背后始终体现了"二个力"的显著作用。

"漳州110"的成功实践体现了中国共产党强大的领导力。"公安姓党""党性至上"的政治属性是新时代"漳州110"的立警之本。"漳州110"的成功实践充分体现了习近平总书记"以人民为中心""做人民的保护神"的根本要求,充分体现了党的全面领导和坚强领导,充分体现了党的初心使命和根本宗旨,充分体现了中国特色社会主义的优越性。

在各级党组织领导下,新时代"漳州110"把"党性至上"作为永恒追求,强化了政治领导和组织建设。漳州市公安局党委始终本着强烈的政治责任感,把推动"漳州110"创新发展作为重要政治任务,坚持不懈用习近平新时代中国特色社会主义思想培根铸魂,从精神上引领,从组织上保障,从机制上创新,激励引导"漳州110"绝对忠诚于党的事业,始终牢记为人民服务的初心使命,始终保持坚定正确的政治方向。总之,"漳州110"的成功实践自始至终充分体现了各级党组织强大的领导力作用。

"漳州110"敢为人先,永不止步,不断改革创新,在新时代显现了强大的生命力。"漳州110"针对新时代人民群众更新更高要求,不断探索创新,改革体制机制,从群众反馈的"急""难""危""新"

共创美好的时代

等问题入手主动探索保护人民和服务人民的综合平台和创新路径。其"忠诚使命，止于未发，更快更灵，共治善治"的基本经验更值得在新时代弘扬。从"报警110"到"民

生110"不断拓展，党性与人民性的高度统一是"漳州110"永葆"生命力"的关键所在。今天的"漳州110"从破解当前社会主要矛盾大处着眼，既从改革自身的供给侧入手，又从满足群众的需求侧着力，不断推动警务创新发展，为群众创造更好的生活体验，真正体现了"以人民为中心，做人民守护神"的鲜明时代特征。

创新才有生命力！"漳州110"作为20世纪90年代涌现的全国先进典型，引领了警务变革，开一时风气之先。这么多年过去了，在各级党委领导下，在上级公安机关的精心培育下，他们始终牢记习近平同志"人民的保护神"的重要嘱托，发扬"党性至上、敢为人先、永不止步"的精神特质，与时俱进，历久弥新，在不断地传承弘扬、创新发展中迸发新的生机活力，使老典型在新时代更加耀眼鲜亮，持续挺立时代潮头。客观地说，这种现象在全国来讲并不多见。

"漳州110"先进事迹的社会传播显示了广泛的影响力。说得好不如做得好！"漳州110"之所以今天声名远播，不仅在漳州、福建乃至全国公安系统受到普遍赞誉，其精神得以发扬光大，是因为漳州市

永做"人民的保护神"

公安局能够"吃透两头",既能准确理解中央精神,又能准确把握群众脉搏,创造性运用组织领导与群众路线紧密结合的工作方法,体现了执行力与领导力的高度一致性。

  典型引领一直是我党的优良传统,也是各级党委行之有效工作方法。漳州市公安局对先进典型的精神特质以及对传播属性的准确把握都是"漳州110"影响力得以不断扩大的重要原因。在推进新时代"漳州110"典型宣传中,漳州市公安局能够始终明确政治方向,注重从客观实际出发,遵循传播规律、讲究传播艺术,充分融合运用现代传播手段、载体和形式,使典型宣传更具有吸引力、感染力和公信力,使新时代"漳州110"在百姓当中、在社会各界产生了广泛而又深远的影响力。

(林文溪 刘丽芬 采访整理)

⑥ 百姓不会忘记

　　文件篇、要闻集、荣誉榜、大事记，镌刻着"漳州110"的成长历程，三十载一步一个脚步，非凡十年的砥砺前进，党委和政府的关心与支持、人民群众的拥戴与赞誉、广大民警的创造与守护，共同形成一股精神力量。

　　这是值得珍藏的历史记忆，更是值得讴歌的城市荣光。

　　这是建功新时代的精神财富，更是奋进新征程的思想动力。

　　历史不会忘记！百姓不会忘记！

永做"人民的保护神"

文件篇

中共中央宣传部关于授予福建省"漳州110""时代楷模"称号的决定

福建省"漳州110",全称为"福建省漳州市公安局巡特警支队直属大队"。多年来,"漳州110"始终牢记习近平总书记"人民的保护神"的殷切嘱托,坚持党建引领,筑牢忠诚警魂,打造过硬"公安铁军"。1990年引领全国建立110报警服务台和快速反应机制,实现了打击犯罪、维护治安、服务群众功能的有效整合,赢得了当地党委政府的充分肯定和人民群众的高度信赖,被百姓亲切地誉为"远亲不如近邻,近邻不如漳州110",推动"110"成为人民警察队伍的标志性品牌。中宣部当时会同有关部门,将"漳州110"作为全国重大典型进行宣传,在全社会引起广泛深刻影响。进入新时代,"漳州110"持续深化警务机制改革,着力打造"漳州110"升级版,积极拓展建立网格治理"社区(乡村)110",有力推进基层社会治理体系建设,不断增强人民群众获得感、幸福感、安全感。被国务院授予"人民的110"荣誉称号,连续6届被评为"全国文明单位",获得"全国先进基层党组织"等48次省部级以上重大集体表彰。

"漳州110"是忠实践行习近平总书记"对党忠诚、服务人民、执法公正、纪律严明"总要求的优秀公安基层单位代表,是新时代人民美好幸福生活的守护者,是基层社会治理体系和治理能力现代化建

百姓不会忘记

设的践行者。他们的先进事迹，集中体现了人民公安对党忠诚、听党指挥的政治品格，一切为了人民、一切依靠人民的价值追求，改革强警、锐意创新的奋进精神，克己奉公、无私奉献的良好形象。为宣传褒扬他们的先进事迹，中共中央宣传部决定，授予福建省"漳州110""时代楷模"称号，号召广大党员干部特别是公安民警以他们为榜样，更加紧密地团结在以习近平同志为核心的党中央周围，认真学习贯彻习近平新时代中国特色社会主义思想和习近平法治思想，坚持总体国家安全观，齐心协力、开拓进取，以优异成绩迎接建党100周年，为全面建设社会主义现代化国家、实现中华民族伟大复兴中国梦不懈奋斗！

中共中央宣传部
2021年1月10日

永做"人民的保护神"

中共福建省委关于开展向"时代楷模""漳州110"学习活动的决定

闽委〔2021〕23号

各市、县（区）党委，平潭综合实验区党工委，省委各部委，省直各单位党组（党委），各人民团体党组，中直驻闽各单位党组（党委）：

"漳州110"是福建省漳州市公安局巡特警支队直属大队的简称。多年来，"漳州110"始终牢记习近平总书记"人民的保护神"的殷切嘱托，坚持党建引领，筑牢忠诚警魂，打造过硬"公安铁军"。1990年引领全国建立110报警服务台和快速反应机制，实现了打击犯罪、维护治安、服务群众功能的有效整合，赢得了人民群众的高度信赖，"110"也成为人民警察队伍的标志性品牌。1997年11月，"漳州110"被国务院授予"人民的110"荣誉称号；2021年1月，被中央宣传部授予"时代楷模"称号。为了大力宣传弘扬"以人民为中心，做人民的保护神"的新时代"漳州110"精神，号召全省广大党员干部向他们学习，增强"四个意识"、坚定"四个自信"、做到"两个维护"，全方位推动高质量发展超越，奋力谱写建设社会主义现代化国家的福建篇章，省委决定在全省广泛开展向"时代楷模""漳州110"学习活动。

一、学习他们听党指挥、永葆忠诚的政治品格

30年来，"漳州110"始终坚持党的绝对领导、全面领导，不断加强政治建设，以忠诚警魂筑就担当奉献。坚持党建引领，创新"微警讯"等"互联网＋"党建工作模式；坚持政治建警，30年如一日开

百姓不会忘记

展日常思想政治教育；坚持红色传承，建立先进事迹展览馆、设立警队"荣誉日"、举办新警授标仪式等，激励民警以队为荣，形成强烈的集体荣誉感。向"漳州110"学习，就是要学习他们的政治品格，坚持用习近平新时代中国特色社会主义思想武装头脑、指导实践、推动工作，自觉以党的旗帜为旗帜、以党的方向为方向、以党的意志为意志，做到忠诚核心、拥护核心、跟随核心、捍卫核心，永葆绝对忠诚、绝对纯洁、绝对可靠。

二、学习他们不忘初心、担当奉献的为民情怀

30年来，"漳州110"始终把"人民的保护神"镌刻在旗帜上，把"群众支持不支持、满意不满意、答应不答应"作为一切工作的出发点和落脚点，从关乎民生的小案小事抓起，持续接力、千方百计为群众纾危解困。建立"民生110"，市直部门联动共治主动及时回应民生诉求；成立"交通110"，担负抢险救灾、应急增援、交通保障等任务；设立"反诈110"，为群众快速破案挽损；创立"民间110"，开辟专群结合、社会治理新路子。向"漳州110"学习，就是要学习他们的为民情怀，始终坚持以人民为中心的发展思想，紧紧同人民群众想在一起干在一起，用心用情用力解决好人民群众的操心事、烦心事、揪心事，不断提升人民群众的获得感、幸福感、安全感。

三、学习他们改革创新、锐意进取的开拓精神

30年来，"漳州110"始终坚持在改革中创新、在创新中发展，坚持实战化导向、科技信息支撑，探索形成"四警四化"（即主动预警、精细布警、多维接警、动中处警和智能化指挥、精准化服务、标准化执法、专业化建设）新型警务机制，实现从静态控制型警务向动态反

永做"人民的保护神"

应型警务的转变。向"漳州110"学习,就是要学习他们的开拓精神,树立强烈的改革创新意识,把科技创新作为发展第一动力、科技强警作为发展战略支撑,全力推进省域治理体系和治理能力现代化,实现经济行稳致远、社会安定和谐。

四、学习他们铁规律己、严管队伍的过硬作风

30年来,"漳州110"始终坚持全面从严治党、全面从严治警,制定了一系列标准化执法流程,将严格规范公正文明执法要求贯穿到每一个环节。领导干部带头坚持"三先"原则(急难险重,领导干部抢先;遵规守纪,党员同志率先;立功受奖,群众民警优先),真正做到了"一任做给一任看,一级带着一级干"。向"漳州110"学习,就是要学习他们的过硬作风,从小事小节抓起,从平常日常严起,将纪律规矩立起来、严起来,推动全面从严治党向纵深发展、向基层延伸;紧紧抓住领导干部这一"关键少数",发挥好"头雁效应",带领干部群众凝心聚力谋发展、真抓实干谱新篇。

"漳州110"是忠实践行习近平总书记"对党忠诚、服务人民、执法公正、纪律严明"总要求的优秀公安基层单位代表,是新时代人民美好幸福生活的守护者,是基层社会治理体系和治理能力现代化建设的践行者。全省各级党组织要把开展向"漳州110"学习活动与贯彻落实党的十九届五中全会精神和省委十届十一次全会精神结合起来,与扎实开展党史学习教育结合起来,与统筹推进常态化疫情防控和经济社会发展结合起来,与开展"再学习、再调研、再落实"活动结合起来,精心组织,周密部署,迅速在全省掀起学习宣传新时代"漳州110"精神热潮。要把"漳州110"先进事迹作为党员干部学习培训的生动教材,通过"三会一课"、主题党日、组织生活会等形式,教育引导党员干部把学习成效转化为做好本职工作、立足岗位建功立业

百姓不会忘记

的实际行动。要以开展向"漳州110"学习活动为契机,大力选树、宣传基层一线涌现出来的先进典型,让学习先进、崇尚先进、争当先进在全社会蔚然成风,激励广大党员干部以昂扬的奋斗姿态攻坚克难、勇攀高峰,全方位推动高质量发展超越,以优异成绩庆祝中国共产党成立100周年。

中共福建省委

2021年2月26日

永做"人民的保护神"

中共福建省公安厅委员会关于开展
向"时代楷模""漳州110"学习活动的决定

闽公委〔2021〕5号

各市、县（区）公安局党委，平潭综合实验区公安局党委，厅属各单位党组织：

"漳州110"是漳州市公安局巡特警支队直属大队的简称，1990年在全国首创110报警服务平台和快速反应机制，开启维护治安与服务群众并重先河。1996年8月，"漳州110"先进经验被公安部总结推广到全国公安机关。1997年11月，被国务院命名"人民的110"荣誉称号。习近平总书记在福建工作期间，多次莅临"漳州110"考察指导，赞誉其为"人民的保护神"。2021年1月10日，"漳州110"被中共中央宣传部授予"时代楷模"荣誉称号。30年来，一代代"漳州110"民警始终坚守初心、牢记使命，忠诚履行党和人民赋予的职责使命，特别是党的十八大以来，"漳州110"继续永葆忠诚本色，坚守为民初心，矢志改革创新，打造过硬队伍，全力维护稳定，彰显了"以人民为中心，做人民的保护神"新时代"漳州110"精神。

"漳州110"彰显了新时代人民警察忠诚使命的担当、赤诚为民的情怀、改革创新的特质，是忠实践行习近平总书记"对党忠诚、服务人民、执法公正、纪律严明"总要求的优秀公安基层单位代表，是新时代人民美好生活的守护者，是基层社会治理体系和治理能力现代化建设的践行者。为深入学习宣传"漳州110"的先进事迹和崇高精神，进一步激励全省公安机关和广大民警牢记宗旨，坚定信念，勇于担当，忠诚履职，全力做好维护国家政治安全和社会稳定的各项工作，为我省全方位推动高质量发展超越，谱写新时代新福建新篇章提供有力保障，省厅党委决定在全省公安机关开展向"漳州110"学习活动。

百姓不会忘记

一、学习弘扬"漳州110"始终不忘初心、永葆忠诚的政治本色

"漳州110"始终坚持以党的旗帜为旗帜、以党的方向为方向、以党的意志为意志,自觉践行习近平总书记重要嘱托、重要指示精神,不断强化忠诚核心、拥护核心、跟随核心、捍卫核心的思想自觉、政治自觉和行动自觉,确保绝对忠诚、绝对纯洁、绝对可靠。30年来,"漳州110"坚持把党建融入公安工作和队伍建设,创新"微党课""微警讯"等"互联网+"党建工作模式,规范14项党内生活制度,实现党建工作规范化、可视化、常态化;坚持"思想建党、政治建警"方针,全力筑牢基层党组织战斗堡垒,强化日常思想政治教育,利用上岗前、岗亭里、警车上、训练时经常开展谈话交心,按照战时、日常和特殊等模式组织家访走访,及时掌握民警的思想脉搏,持续跟踪解决民警实际问题和困难,确保思想政治工作落深落细落实;坚持把红色基因铸入警魂、薪火相传,设立"漳州110荣誉日",建立事迹展览馆,举办新警授标(110袖标)仪式,形成精神感召、荣誉激励,使每位"漳州110"民警以队为荣,用强烈的集体荣誉感确保"漳州110"这面旗帜永不褪色。全省各级公安机关和广大民警要学习"漳州110"听党指挥、永葆忠诚的政治本色,始终坚持以习近平新时代中国特色社会主义思想为指导,增强"四个意识"、坚定"四个自信"、做到"两个维护",确保绝对忠诚,牢记职责使命,坚守为民初衷,传承红色基因,继续做好各项为民服务工作,营造良好的经济社会发展环境,确保社会大局和谐稳定。

二、学习弘扬"漳州110"以人民为中心、永做"人民保护神"的服务宗旨

"漳州110"始终坚持以人民为中心,把"群众支持不支持、满意不满意、答应不答应"作为一切工作的出发点和落脚点,把提升人民群众满意率和获得感作为永恒动力和价值追求,坚持警务围着民意

永做"人民的保护神"

转，从最基础的接警、派警、出警、处警着手，主动预警、精准布防、止于未发，千方百计为群众纾危解困，确保人民群众遇到警情都能第一时间找到报警渠道、第一时间看到人民警察、第一时间得到高效处置、第一时间减少伤害损失，切实增强人民群众实实在在的安全感，群众满意率始终保持100%，赢得了漳州人民"远亲不如近邻，近邻不如漳州110"的由衷赞誉。作为漳州"五种精神"之一，"漳州110"充分发挥党员引领作用，主动把服务功能向政府部门和基层社会治理领域辐射延伸，从人民群众所忧、所惧、所需、所盼入手，由"公安110"拓展到政府、拓展到基层、拓展到群众，创新"民生110""民间110""社区（乡村）110"等系列品牌，四个"110"融会贯通、无缝对接，全面涵盖警务和民生两大内容，密切联通警务和政务两条路径，有力引领带动政府职能部门加速转型升级，进一步推动基层社会治理体系和治理能力现代化建设。全省各级公安机关和广大民警要学习"漳州110"克己奉公、无私奉献的为民情怀，把以人民为中心的发展思想落到实处，永远做好人民群众美好生活的守护者，忠诚履职、奋勇争先，用心用情用力解决好人民群众的操心事、烦心事、揪心事，不断保障和改善民生，不断满足人民群众对美好生活的需求，不断提升人民群众的获得感、幸福感和安全感。

三、学习弘扬"漳州110"锐意改革创新、不断完善警务机制的开拓精神

"漳州110"始终坚持在改革中创新、在创新中发展，运用法治思维和方式推动现代警务模式更加成熟定型，秉承"党性至上、敢为人先、永不止步"精神特质，先后历经5次重大警务机制改革，从最初在全国首创110报警服务台和快速反应机制，到现在的"四警四化"警务新机制，从原来的单警作战到现在的大数据支撑下的"合成作战、快速打击、精准服务"，每一次都紧跟时代潮流、每一次都顺应民心

百姓不会忘记

民意,更加凸显"忠诚使命、止于未发、更快更灵、共治善治"的新时代特征。"漳州110"通过分析梳理治安热点、难点问题和各类特殊人群需求,有针对性提供网上网下更精准服务,努力把可能影响群众安全的各类风险隐患消除在事发之前;聚焦"预警、接警、派警、出警、处警"五个环节,做到调度快、到场快、处置快、增援快,努力做到"再快一秒",确保80%以上警情5分钟内到达现场,"两抢"破案率达100%;组建110大数据合成作战中心,打破警种部门壁垒,实施无缝隙对接,实现110警情全链条快接快处快查快打,有力推动公安工作发展进步,不断提高社会治理系统化、社会化、精细化、法治化、智能化水平,人民群众安全感不断提升。全省各级公安机关和广大民警要学习"漳州110"锐意改革创新的开拓精神,坚定改革强警,推动警务机制创新,围绕实战要求,紧跟科技发展趋势,激发人才活力,不断完善警务机制,有力提升新时代公安工作水平。

四、学习弘扬"漳州110"坚持铁规律己、无私奉献的过硬作风。以铁的纪律铸造队伍是"漳州110"保持先进性的法宝

他们始终坚持挺纪在前、严管厚爱,从建队之初37条"铁规"到现在勤务、管理两个制度体系,细化日常纪律、内务管理、行为规范等警队规章制度84条,通过抓点滴促养成、抓养成促作风、抓作风促纪律、抓纪律促战斗力,不断约束规范民警言行;制定"接警七规范""派警八规定""出警十原则"等一整套标准化执法流程,将严格规范公正文明执法贯穿到每一个环节;突出领导干部带头,坚持"三先"原则(急难险重,领导干部抢先;遵规守纪,党员同志率先;立功受奖,群众民警优先),做到"一任做给一任看,一级带着一级干"。30年来,"漳州110"荣立集体一等功3次,先后获得"全国先进基层党组织""全国人民满意的公务员集体""全国文明单位"等省部

永做"人民的保护神"

级以上表彰48次，42批次500余位民警无一人违纪违法，立功受奖112人次，涌现出一大批先进典型，树立了为民服务、甘当公仆的良好形象，成为广大公安民警爱岗敬业、无私奉献的标杆。全省各级公安机关和广大民警要学习"漳州110"铁规律己、严管厚爱的过硬作风，从小事小节抓起，从平常日常严起，将纪律规矩立起来、严起来，切实做到清正廉洁；紧紧抓住领导干部这一"关键少数"，发挥好"头雁效应"，带领民警毫不放松地抓好战疫情、防风险、保安全、护稳定各项措施落实。

今年是"十四五"开局之年，也是全面建设社会主义现代化国家新征程开启之年。全省各级公安机关和广大民警要以"漳州110"为榜样，牢记初心使命，坚守为民初衷，以实际行动践行对党忠诚、服务人民、执法公正、纪律严明。要把学习新时代"漳州110"精神与学习贯彻习近平法治思想和党的十九届五中全会精神，与学习贯彻习近平总书记重要讲话、重要训词和全国、全省公安工作会议精神紧密结合，精心组织，周密部署，迅速掀起学习时代楷模先进事迹的热潮。要把学习新时代"漳州110"精神与"坚持政治建警全面从严治警"教育整顿活动结合起来，着力铸牢忠诚警魂，纯洁培育优良警风，确保学习宣传取得实实在在成效。要把学习新时代"漳州110"精神与抓紧抓实主责主业，着力防范化解各类风险紧密结合起来，深化推进改革创新和市域社会治理现代化试点，推动公安工作高质量发展。全省各级公安机关要大力营造学习先进、争当先进的浓厚氛围，进一步激励广大公安民警锐意进取、扎实工作，全力以赴战疫情、保安全、护稳定，为我省疫情防控取得重大战略成果、维护经济发展和社会稳定大局努力奋斗，以优异成绩庆祝建党100周年。

中共福建省公安厅委员会
2021年1月12日

百姓不会忘记

中共漳州市委关于开展向"时代楷模""漳州110"学习活动的决定

漳委〔2021〕16号

各县（市、区）党委，市直各单位，漳州开发区、常山开发区、古雷开发区、漳州台商投资区、漳州高新区工委（党委），市委各部委，市直各单位，各人民团体，驻漳各单位：

"漳州110"是漳州市公安局巡特警支队直属大队的简称，是我市公安战线的一面旗帜，是漳州精神文明建设的标兵，是人民群众充分信任的老典型。1990年，他们在全国首创110报警与巡警队伍有机结合的快速反应新机制，实现了打击犯罪、维护治安、服务群众功能的有效整合，推动"110"成为人民警察队伍的标志性品牌，开启了维护治安与服务群众并重的先河。1996年，公安部在漳州召开现场会，推广其先进经验，引领带动全国公安机关警务变革，同年，公安部、省委省政府和市委市政府号召向"漳州110"学习。1997年，国务院授予其"人民的110"荣誉称号。习近平总书记在福建工作期间多次亲临"漳州110"考察指导，并赞誉其为"人民的保护神"。

多年来，"漳州110"始终牢记习近平总书记"人民的保护神"的殷切嘱托，忠贞不渝、初心不改，创新不止、奋斗不息，成为人民心中"工作最苦、坏人最怕、百姓最爱、形象最好"的先锋警队，先后三次荣立集体一等功，获得"全国先进基层党组织""全国人民满意的公务员集体""全国文明单位"等48次省部级以上集体表彰。党的十八大以来，"漳州110"积极探索新时代警务改革新模式，着力打造"漳州110"升级版，形成了"以人民为中心，做人民的保护神"为核心内涵的新时代"漳州110"精神，焕发新时代光彩。2021年

永做"人民的保护神"

1月10日,中共中央宣传部授予"漳州110""时代楷模"荣誉称号。

"漳州110"是忠实践行习近平总书记"对党忠诚、服务人民、执法公正、纪律严明"总要求的优秀基层单位代表,是新时代人民美好幸福生活的守护者,是基层社会治理体系和治理能力现代化建设的践行者。"漳州110"的先进事迹和新时代"漳州110"精神生动诠释了以人民为中心的发展思想,具有突出的政治性、人民性、时代性、先进性。为大力宣传弘扬"漳州110"的先进事迹和新时代"漳州110"精神,号召全市广大党员、干部群众向他们学习,增强"四个意识"、坚定"四个自信"、做到"两个维护",坚持以人民为中心的发展思想,坚定不移贯彻新发展理念,进一步推动党风政风行风持续向好,全面提升服务发展、服务群众水平,全方位推动高质量发展超越,市委决定在全市广泛开展向"时代楷模""漳州110"学习活动。

一、学习他们对党忠诚、听党指挥的政治品格

"漳州110"始终坚持党性至上,把党的绝对领导、全面领导贯穿始终,不断强化忠诚核心、拥护核心、跟随核心、捍卫核心的思想自觉、政治自觉和行动自觉。始终坚持把政治建设置于首要地位,不断深化思想政治工作内涵,优化队伍教育管理机制,创新"互联网+"党建工作模式,把常态化思想政治工作融入民警工作、生活中,把随机性思想教育做到上岗前、岗亭里、警车上、训练时,有效提升党建工作质效。始终坚持把思想建党摆在突出位置,大力加强教育培训,抓好铸魂补钙、立根固本,通过确立警队荣誉日,举办新警授标(110袖标)等仪式,讲好红色故事,抓好红色教育,传承红色基因,形成精神感召、荣誉激励,增强民警"护旗"意识,确保队伍绝对忠诚、绝对纯洁、绝对可靠。向"漳州110"学习,就是要学习他们的政治品格,坚持用习近平新时代中国特色社会主义思想武装头脑,旗帜鲜

百姓不会忘记

明讲政治，不断提高政治判断力、政治领悟力、政治执行力，在思想上、政治上、行动上同以习近平同志为核心的党中央保持高度一致，把坚持和加强党的全面领导落到实处，确保漳州各项事业始终沿着正确方向前进。

二、学习他们人民至上、赤诚服务的宗旨意识

"漳州110"始终坚持以人民为中心的发展思想，把"群众支持不支持、满意不满意、答应不答应"作为一切工作的出发点和落脚点，把提升人民群众满意率和获得感作为永恒动力和价值追求，坚持警务围着民意转，从最基础的接警、派警、出警、处警着手，最大限度主动预警、精准布防、止于未发，千方百计为群众纾危解困，确保人民群众遇到警情都能第一时间找到报警渠道、第一时间看到人民警察、第一时间得到高效处置，第一时间减少伤害损失，给予人民群众实实在在的安全感，群众满意率始终保持100%，赢得了党委、政府的充分肯定和人民群众的高度信赖，被百姓亲切地誉为"远亲不如近邻、近邻不如漳州110"。2016年以来，群众向"漳州110"送来锦旗及感谢信1213面（封），对接处警满意率始终保持100%。抗击新冠疫情期间，"漳州110"百名民警第一时间主动请缨提交请战书，组建"漳州110党员突击队"，坚持一个小组就是一座"堡垒"，一名民警就是一面旗帜，在漳州定点隔离医院封控危险，在街路面战斗一线，按照疫情防控需求与医护人员密切配合、逆行向前，做到"漳州110"民警到哪里，旗帜就插到哪里，全面助力疫情防控和经济社会发展，确保了社会治安秩序稳定。向"漳州110"学习，就是要学习他们的宗旨意识，大力践行以人民为中心的发展思想，注重统筹发展和民生，抓住群众关心关注的问题，用心用情用力做好为民服务工作，切实解决老百姓的操心事、烦心事、揪心事，不断满足人民群众对美好生活

永做"人民的保护神"

的需要,不断提升人民群众的获得感、幸福感和安全感,做到发展为了人民、发展依靠人民、发展成果由人民共享。

三、学习他们锐意创新、永不止步的奋进精神

"漳州110"在传承创新中精准把握时代脉搏,围绕不同时期人民群众的期盼关切,先后进行6次重大警务改革,每一次都紧跟时代潮流、每一次都顺应民心民意,更加凸显出"忠诚使命、止于未发、更快更灵、共治善治"的"漳州110"新时代特征。建队伊始提出"巡警在您身边,有事请找巡警,报警电话110",走出了维护治安与服务群众并重的新路子,让110报警电话深入民心,成为密切警民关系、党群关系、干群关系的桥梁和纽带。进入新时代,"漳州110"始终把快速反应作为克敌制胜的法宝,把"再快一分钟"作为目标追求,构建主动预警、精细布警、多维接警、动中处警和智能化指挥、精准化服务、标准化执法、专业化建设的"四警四化"现代警务机制,实现80%警情5分钟内到场。组建110大数据合作战中心,从"快派快处、快破快挽、快督快结、快奖快惩"八个方面入手,打造全息快速精准作战体系,推动维稳安保、社会防控、打击整治、执法规范、队伍管理全要素创新发展,提升公安机关驾驭复杂局势能力,全面带动公安工作整体发展进步,不断提高平安漳州建设科学化、社会化、法治化、智能化水平。向"漳州110"学习,就是要学习他们的奋进精神,始终保持蓬勃向上的朝气、锐意创新的勇气、敢为人先的锐气、争创一流的志气,在困难面前不退缩,在成绩面前不自满,在荣誉面前不懈怠,进一步解放思想、改革创新,把智慧和力量凝聚到干事创业上,在其位、尽其责、善其事,努力创造出无愧于党、无愧于祖国、无愧于人民的一流业绩。

四、学习他们克己奉公、无私奉献的优良作风

"漳州110"始终坚持严管厚爱,把纪律规矩挺在前面,以铁的纪律铸造队伍。坚持通过抓点滴促养成,抓养成促作风,抓作风促纪律,抓纪律促战斗力,建立勤务、管理两个制度体系,细化日常纪律、内务管理、行为规范等警队规章制度84条,不断约束规范民警言行。坚持"急难险重党员干部抢先、遵规守纪领导干部率先、立功受奖群众民警优先"的"三先"原则,以党员领导干部的身体力行示范表率带动警队全体成员。建队以来,"漳州110"不仅无一人违纪违法,而且涌现全国公安系统英雄模范6人次和一等功臣6人次,立功受奖114人次,133位优秀民警走上各级领导岗位,以严明纪律、严格要求、严实作风成为人才培养的基地和摇篮。同时,"漳州110"还充分发挥示范引领作用,主动向政府部门和基层社会治理领域延伸,创建了"民生110""民间110""社区(乡村)110"等系列品牌,涵盖了警务和民生两大内容,联通了警务和政务两条路径,为促进政府职能部门加速转型升级,提高办事效率和服务水平作出了积极贡献。向"漳州110"学习,就是要学习他们的优良作风,坚定不移推进党风廉政建设,坚持从小事小节抓起,从平常日常严起,始终保持忠诚干净担当,以"功成不必在我"的精神境界和"功成必定有我"的历史担当,埋头苦干、真抓实干、勉励敬业、履职尽责,将漳州经济社会各项事业推向前进。

伟大时代呼唤伟大精神,崇高事业需要榜样引领。当前,站在"两个一百年"奋斗目标的历史交汇点上,科学把握新发展阶段,深入贯彻新发展理念,加快构建新发展格局,对全市改革发展稳定工作提出了更为迫切的要求,全市各地各部门要以"时代楷模""漳州110"为榜样,向"漳州110"学习,牢记初心使命,自觉担负起党和人民赋予的时代重任。要把开展向"时代楷模""漳州110"学习活动与

永做"人民的保护神"

培育和践行社会主义核心价值观结合起来，与贯彻落实党的十九届五中全会精神、省委十届十一次全会、市委十一届十三次全会精神结合起来，与统筹推进常态化疫情防控和经济社会发展结合起来，精心组织，周密部署大力营造学习先进、争当先进的浓厚氛围，引导广大党员干部更加密切地团结在以习近平同志为核心的党中央周围，增强"四个意识"、坚定"四个自信"、做到"两个维护"，以更加强烈的责任感、敢于担当的使命感，拼搏奋进、砥砺前行、不懈奋斗，为建设富美新漳州，全方位推动高质量发展超越，当好新时代新福建建设先锋、新增长极和重要引擎作出新的更大贡献。

中共漳州市委

2021年2月7日

百姓不会忘记

要闻集

"漳州110":29 年坚守为民初心　群众信赖是最大的荣誉

在福建漳州,"远亲不如近邻,近邻不如漳州 110"的说法深入人心,口口相传。

成立 29 年来,"漳州 110"始终坚守为民初心,服务人民与打击犯罪并重,赢得了群众信赖,被誉为"人民的保护神"。

人民性始终是"漳州 110"的鲜明底色

从建队之初承诺"全天候接受群众报警求助,有危难均可拨打 110",到打造现代警务机制适应人民群众新期待,人民性始终是"漳州 110"的鲜明底色。"警情就是命令,号令就是行动,这已经融入'漳州 110'每位民警血液。"漳州市副市长、公安局局长黄华安说。

采访中,群众向记者讲述了"漳州 110"服务群众的一个个感人故事:市民许明霞骑电动车在路上突然晕倒,巡逻民警把她护送回家;高三学生吴品仪的电动车在小区门口被盗,民警只用了两个小时就把电动车追回;小区老太太深夜遭遇醉汉敲打房门,民警在门前为其守夜……

群众咨询、求助等占到 110 报警的绝大多数,如何将有限的警力更为合理地运用,是 110 面临的难题。

永做"人民的保护神"

记者采访发现,经历多轮警务改革,"漳州110"在专业化、智能化等方面有了极大提升,通过整合政府各职能部门资源,64家部门联动,目前绝大多数非警务类报警通过全市"12345"平台分流转办。

在漳州采访期间,记者随110民警在市区主要街道巡逻,上午10点到12点间共接处警3次,一次是邻里纠纷,一次是房东和租客间纠纷,一次是人员走失。接警后,巡逻民警均在5分钟内赶到现场,帮助群众及时解决了困难。

"很多群众求助事项很难区分警务或非警务,有的也不属于哪个职能部门管理,但群众信赖110,在力所能及范围,我们都会热情服务,帮助解决难题。""漳州110"民警土微说。

漳州市委党校教授王崇文说:"29年来,正是在服务人民方面下了笨功夫、苦功夫,'漳州110'才真正建立了和群众的鱼水深情,赢得了群众信赖。"

市区警情5分钟内到现场　"两抢"案件破案率100%

记者采访了解到,以构建快速反应、精准打击、有效防控的现代警务机制为目标,"漳州110"与时俱进,持续推进改革,逐渐形成主动预警、精细布警、多维接警、动中处警和智能化指挥、精准化服务、标准化执法、专业化建设的"四警四化"警务新机制。

2000年以来,漳州将"110报警服务台"并入市公安局指挥中心,由指挥中心统一对巡逻接处警工作进行点对点、扁平化指挥,建立起以110指挥中心为龙头,以巡特警为骨干,各警种协同作战的快速反应机制。2016年启动的新一轮勤务改革中,依托大数据分析研判、以智能化指挥调度为支撑,建立起集情报收集汇总、指挥调度、合成作战为一体的警务枢纽,创新网格化、全天候巡防接处警模式,将警力最大限度投向路面,实现"一点启动、全局策应、快速反应、打击现行"。

百姓不会忘记

"主城区划分11个网格,配备2名民警、一辆汽车,24小时分4个班次巡逻,在重点部位还配置警力定点武装执勤。"漳州市公安局副局长许佳告诉记者,一旦发生警情,指挥情报中心依托遍布全域的视频监控和巡逻警车车载全景监控探头,实现可视化、智能化调度,建立1、3、5分钟快速反应控制圈,确保一般警情快速处置、突发警情协同作战。

在处置一起小区盗窃案件中,110指挥情报中心接到报警后,迅速将警情发送到所有路面梯队,并组织就近的3个网格巡逻梯队围捕,第一个梯队不到一分钟赶到现场,犯罪嫌疑人尚未走出小区大门就被抓获。

2016年以来,漳州市区警情下降32.9%,抢夺、抢劫案件从2016年的日均0.27起下降到目前的0.06起。2018年以来,全市抢夺、抢劫案件破案率100%,对侵财类犯罪形成有力震慑。

29年"零违纪"　上百人次立功受奖

建队29年,"漳州110"没有发生一起民警违纪违法问题,107人次立功受奖,获得省部级以上集体表彰47个。

不论是抢救落水群众还是面对行凶歹徒,"漳州110"党员干部始终身先士卒、冲锋在前,身体力行带动警队、感染民警。

在处置一起精神病患者砍人事件时,面对手持菜刀的叶某,时任"漳州110"大队长许佳让身旁的民警退在一旁,自己冲上去将歹徒制服,而自己的手掌、手腕被砍出十几厘米的伤口。

"民警看中队长,中队长看大队长,一级做给一级看,队伍的正气就起来了。"许佳说。

对每一位民警做到精细化管理。"漳州110"大队教导员郑瑞钟说:"新民警入警后,根据每一个新警的性格特点,安排老民警传帮带,

永做"人民的保护神"

什么事情能做,什么不能做,手把手教授,从工作到生活的方方面面予以管理和指导。"

在"漳州110",从被子怎么叠、学习笔记怎么记、接处警快速反应、执法记录仪使用等,都有明确的纪律和规矩。漳州市公安局政治部主任叶振煜说:"从每一个细节处规范,让民警知敬畏、明界限,形成自觉。"

(新华社福州 2019 年 1 月 10 日电　记者:郑良　王成)

百姓不会忘记

守正创新　始终做人民的保护神

编者按："漳州110"创立于1990年，在百姓中有"远亲不如近邻，近邻不如漳州110"的美誉。20多年来，"漳州110"始终坚守为民初心、坚持与时俱进，勇于担当、无私奉献，切实增强了人民群众的获得感、幸福感、安全感，赢得了党委、政府的充分肯定和人民群众的高度信赖。在第33个全国"110宣传日"到来之际，本报推出评论员文章，再次聚焦"漳州110"，既是解剖，也是弘扬，更是致敬！

作为公安系统的一面旗帜，"漳州110"历经了20多年的发展，有很多改变：从最初的盗窃报警110功能到110服务功能，"漳州110"不断丰富和拓展自身价值追求和精神内涵，推动勤务机制转型升级。应该说，这种"变"是为了"不变"，"漳州110"所有与时俱进的改革和创新，都是为了践行服务人民的不变初衷。

"漳州110"的精神体现了对党忠诚、服务人民、执法公正、纪律严明的总要求，具有鲜明的时代特征，其核心内涵是以人民为中心、做人民的保护神。在"漳州110"的精神的引领下，各地公安机关坚持在实践中探索、在发展中完善、在改革中创新，全国110接处警工作呈现出蓬勃发展的良好态势。当前，中国特色社会主义进入新时代，人民美好生活需要日益广泛，不仅对物质文化提出了更高要求，而且在民主、法治、公平、正义、安全、环境等方面的要求日益增长。政法机关担负着维护社会大局稳定、促进社会公平正义、保障人民安居乐业的重要职责，如何适应新形势、满足人民新需求是政法机关必须面对和回答的时代之问。就此来说，如何更好地学习和发展新时代"漳州110"的精神，对于如何做好政法工作具有重要的积极意义。

永做"人民的保护神"

要坚持以人民为中心。金杯银杯不如百姓的口碑,"漳州110"始终秉承"人民的困难就是我们的困难,人民的满意就是我们最大心愿"的理念,以实际行动兑现了"人民公安为人民"的庄严承诺:主动预警、精细布警、多维接警、动中处警,让群众感受到安全就在身边。智能化指挥、精准化服务、标准化执法、专业化建设使得为民服务能力不断增强。正因为如此,"漳州110"被百姓誉为"远亲不如近邻,近邻不如漳州110"。学习和发展新时代"漳州110"的精神,要把党的群众路线作为政法工作的生命线,想群众之所想、急群众之所急,切实维护人民群众合法权益,完善为民便民政策措施,解决好人民群众最关切的公共安全、权益保障、公平正义问题,让人民群众获得感、幸福感、安全感更加充实、更有保障、更加持续。

要勇于改革不断创新。改革创新是新时代政法工作的强大动力。"漳州110"围绕经济、社会不断发展进步的新形势,坚持在改革中创新、在创新中发展,进行了5次重大勤务机制改革,形成了"四警四化"的现代勤务机制。学习和发展新时代"漳州110"的精神,要深刻理解党的十九大报告中蕴含的改革精神、改革部署、改革要求,深化对改革规律的认识和运用,增强改革的系统性、整体性、协同性。要推动新时代政法工作质量变革、效率变革、动力变革,提升智能化建设层次和水平,增强政法机关核心战斗力。要主动适应政法工作现代化要求,加快形成符合政法工作规律的政策体系。

要始终做到清正廉洁。司法是维护社会公平正义的最后一道防线,清正廉洁是政法工作者的立身之本。"漳州110"通过建立监督执纪工作机制、实行党风廉政建设责任清单、建设网上督察中心和廉政教育基地等一系列措施,做到了严在平时、严在经常,取得了建队28年未发生一起民警违法违纪问题的佳绩。学习和发展新时代"漳州110"的精神,要把严守政治纪律和政治规矩摆在首位,抓好源头预防,认

真落实廉政风险防控各项措施,坚持从严教育、从严管理、从严监督,全力打造一支政治坚定、执法为民、敢于担当、清正廉洁的高素质政法队伍,努力营造风清气正、干事创业的良好生态。

不忘初心,方得始终。政法机关要以学习和发展新时代"漳州110"的精神为契机,坚持以习近平新时代中国特色社会主义思想为指导,适应新时代新要求,积极回应人民群众对美好生活的向往,守正创新,不辱使命,做好人民群众的保护神,全面贯彻落实党中央决策部署,创造性破解工作难题,把新时代政法工作提升到新水平。

(《法制日报》2019年1月10日 本报评论员)

永做"人民的保护神"

永做"人民的保护神" 新时代"漳州110"新作为新精神探寻

核心内涵

"以人民为中心、做人民的保护神"是"漳州110"的精神的核心内涵。"快速反应、热情服务"成为"漳州110"的标签。

"四警四化"

"四警四化"(主动预警、精细布警、多维接警、动中处警和智能化指挥、精准化服务、标准化执法、专业化建设)共同构成"漳州110"警务新机制。

政治建警

"漳州110"警队38批次457人连续29年无违法违纪,107人次立功受奖,47次获得省部级以上集体表彰。

"工作最苦、坏人最怕、百姓最爱、形象最好"——"漳州110"作为福建省漳州市最靓丽的名片之一,在20多年前就已叫响全国;而今,这张名片沐浴着新时代的阳光,更加熠熠生辉。

习近平同志在福建工作期间,曾多次到"漳州110"考察指导,并赞誉他们是"人民的保护神"。

"漳州110"建队29年,群众满意率一直保持在100%,民警违法违纪零发生;2018年辖区"盗抢骗"发案数同比2015年下降近一半,"两抢"案件从2016年的日均0.27起下降到0.06起,并实现100%破案。

这样一组数据,体现了新时代"漳州110""四警四化"警务新机制的强大生命力,彰显了新时代"漳州110"的精神"以人民为中心,做人民的保护神"的核心内涵。

百姓不会忘记

近日,国务委员、公安部党委书记、部长赵克志到漳州调研,对"漳州110"在新时代不断探索警务新机制的经验做法给予充分肯定。

为什么"漳州110"群众满意率达100% 以人民为中心:为群众创造更好生活体验

"人民的困难就是我们的困难,人民的满意就是我们最大的心愿。"漳州市公安局副局长、曾任"漳州110"(巡特警支队直属大队)大队长的许佳告诉记者,"漳州110"对群众满意率的追求几乎到了严苛的程度,他们不容忍工作中的任何瑕疵、不忽视来自群众的任何微词。

在漳州,群众充分感受到的是"警车常转、警灯常闪""出警神速、有危必救""警察就在身边、平安就在眼前"。

2018年8月13日凌晨1时,市民黄志鸿途经一座立交桥时,手机被一个骑无牌摩托车的男子抢走了,他借别人手机报了警。"没想到民警几分钟之内就赶到了现场,后来的几小时内一直与我保持联络,早上7点就把坏人抓住了。"黄志鸿说。

"快速反应、热情服务"已成为"漳州110"的标签。近年来,他们坚持网格化、全天候巡防接处警模式,时刻保持16个梯队32名警力在主城区街面巡逻,最大限度将警力摆上路面。

同时,"漳州110"坚持情报主导,建立"两抢一盗"预警与110勤务联动响应机制,最大限度地把警力投向热点时空,有效预防违法犯罪。他们建立了"防守反制"模式,对打架斗殴警情多发的娱乐场所和重点部位,实行重点时段亮灯定点停靠,提高了震慑力。

一位酒吧老板说,过去酒吧打架斗殴时有发生。自从有了民警在门口亮灯停靠以后,喝酒闹事、打架斗殴的人员少了很多,有什么事情110民警可以快速到场处置。据民警介绍,漳州市区娱乐场所春节

永做"人民的保护神"

期间打架斗殴案件大幅下降,2016年发生了34起,到2018年就实现了零发案。

打击违法犯罪是"漳州110"的天职,服务群众是"漳州110"的底色。近两年来,"漳州110"共接到求助报警4.3万余起,救助群众上万人。芗城区待御新村主任阮一宁说:"我们村地处低洼地,每次下暴雨都是受灾点,每一次110都及时主动出警,或背或抱,救出受灾群众,印证了'远亲不如近邻,近邻不如漳州110'。"

中共中央党校(国家行政学院)教授封丽霞认为,"漳州110"的实践表明,权威高效的公安工作是人民美好生活的基本保障,也是人民的安全感、获得感与幸福感的强大支撑。公安工作只有以人民为中心,才能在维护社会治安和进行社会管理的过程中反映人民愿望、维护人民权益、增进人民福祉,真正让老百姓舒心满意。

为什么"漳州110"总能引领公安改革的潮流以创新为动力:在改革中创新,在创新中发展

2018年12月20日,就在记者到达漳州采访的当天,"漳州110"微信报警正式上线,群众除了可以电话报警外,还可以通过微信视频、文字、门牌扫码报警,满足了特殊群体在特殊情况下的特殊需求。这是"漳州110"勇立潮头、不断改革创新的最新例证。

"漳州110"在1990年的诞生本身就是改革创新的产物,他们把110盗警电话转变为110报警服务功能,实现了打击犯罪与服务人民并重。

之后,"漳州110"改革创新的步伐从未停歇——

1996年,"漳州110"把漳州市区划分为三大片区五个警区,实行"四班三运转"勤务模式,把所有警力投入巡逻接处警,建立起以报警服务台为指挥中心、以岗亭为依托的全天候巡逻防范网络,变坐

百姓不会忘记

等接处警为就近接处警。当年8月,公安部在全国范围推广"漳州110"经验,促进了警务机制的重大变革。

1998年,漳州市把涉及人民群众生产、生活的公安、工商、邮电、卫生、供电、供水等7个部门12个单位联合起来,由市委市政府牵头、有关部门参与,建成以"漳州110"为龙头,统一协调、协作配合、快速反应的110社会服务联动机制。

1999年至2000年,漳州市公安局以110指挥中心大楼落成为契机,进一步理顺领导机制,把"漳州110"的建制和队伍实体由芗城分局转移到市公安局,把设立在"漳州110"的110报警服务台并入市公安局指挥中心,为所有巡逻车辆安装GPS,由指挥中心统一对巡逻接处警工作进行点对点、扁平化指挥;实行网格化巡逻接处警,逐步建立起以110指挥中心为龙头、以巡特警为骨干,多警种协同作战、有机配合的快速反应机制。

2016年以来,漳州市公安局又全面充实"漳州110"队伍,配齐高科技警用装备,落实动态网格布警,坚持联勤联防联动,在新时代不断探索警务新机制,警务机制转型升级为"四警四化"的现代警务机制。"漳州110"通过"主动预警,精细布警,多维接警,动中处警"等"四警"和"智能化指挥,精准化服务,标准化执法,专业化建设"等"四化"共同构成的警务新机制,进一步提升了驾驭复杂治安局势能力。

漳州市公安局民警告诉记者,"四警四化"是相互依存、高度配合的有机整体。

"四警"就是通过实行"研判预警、驻点预警、精准预警"等主动预警方式,努力把各类风险隐患消除在事发之前;通过"大数据分析,精准调配投放警力"的精细布警方式,确保发生突发情况能第一时间响应;通过建立健全语音、图文、视频、定位、技防等多维接警

永做"人民的保护神"

方式,让群众享受高效报警服务;通过"首接负责、就近派警、梯次投送"的动中处警方式,实现"最近距离、最快速度、最强处置"各类警情。

"漳州110"还通过健全完善指挥通信链、治安态势全息沙盘、警务实战平台等基础设施,从警情中和受理诉求中分析梳理热点难点问题,严格落实接处警"六个规定动作",以及提升专业精神、专业能力、专业素养等各项措施,实现队伍建设和业务工作的"智能化指挥,精准化服务,标准化执法,专业化建设"等"四化"要求。

中国人民公安大学教授朱旭东认为,"漳州110"开启了中国警务模式从静态控制型警务向动态反应型警务的转变。在"漳州110"的改革创新中,效率警务、服务警务、责任警务、法治警务、廉洁警务、专业警务、透明警务、文化警务等现代中国警务要素的因子全部存在。这种从微观入手进行的改革和创新,可以成为未来有效制度的生长点,可以促进中国警务的整体发展。

为什么"漳州110"连续29年无违法违纪以政治建警为引领:扬党建旗帜,铸忠诚铁军

有这样一组数字引人注目:"漳州110"警队38批次457人连续29年无违法违纪,107人次立功受奖,47次获得省部级以上集体表彰,涌现出全国公安英模郭韶翔、张志民、陈伟强,全国十大杰出青年岗位能手许佳。

"漳州110"每一位民警都像珍惜自己的眼睛一样珍惜"漳州110"的荣誉,这和"漳州110"建队以来坚持政治建警、熔铸忠诚警魂、牢记使命担当、强化身份认同有着密不可分的联系。

"漳州110"有一个传承至今的做法,那就是每名民警的胳膊上都有一个袖标——"漳州110",每一个袖标都有一个终身不变的号码。

孔鹏是去年4月刚从部队转业到"漳州110"的民警，他说："当在授标仪式上接过3605号袖标时，一种责任感、荣誉感油然而生。"

每年，"漳州110"都会组织开展祭扫革命烈士、重温入党誓词、警察"荣誉日"等常态化忠诚教育活动；日常，组织开展民警撰写"关于110难忘的一件事"和"如何看待'漳州110'工作"心得体会等"本色教育活动"，使民警对典型群体的身份认同和主人翁意识越来越牢固。他们还时不时把老队长郭韶翔请来给大家传经送宝，使"漳州110"的忠诚警魂代代相传。

好班子带出好队伍。"漳州110"有个"三先"原则一直被大家严格遵循，即：急难险重，党员干部抢先；遵规守纪，领导干部率先；立功受奖，群众民警优先。从而保障整个队伍以上率下、上下同心蔚然成风。

"漳州110"抓党建还有不少诀窍，比如坚持了20多年的谈心谈话制度，每半年至少开展一次普遍性谈心家访，做到一人一档、一人一策、一事一研判；近年来，他们不忘"赶时髦"，建立钉钉"微警讯"交流平台,把党建工作搬到了网上,让思想政治工作看得见、摸得着,入脑入心。

为什么"漳州110"的社会效应不断显现以"漳州110"辐射全局：布局新型警务战略

一个榜样就是一面旗帜、一座标杆、一种力量。进入新时代，"漳州110"与"民生110""民间110""反诈110""交通110"等融会贯通、无缝对接,辐射效应全面显现,共治机制高效运行,群众获得感显著增强。

——"12345"服务热线："民生110"。漳州市整合除"110、120、119"等紧急求助电话之外的政务专线，实行"12345"一号受理；拓展受理范围，"12345"服务平台覆盖职能部门60个；全面开通网站、邮件、传真、短信等网上网下受理渠道，既可以发送文字、语音，也

永做"人民的保护神"

可以发送照片、视频,受理方式多样。2018年,"12345"服务平台共接收群众诉求2.2万余件,按期办结率达99.96%,群众满意率达98.01%。

——"芗里芗亲"APP:"民间110"。"芗里芗亲"APP设置我要巡逻、我来协作、群防任务、社会求助、违法举报、隐患排查、车辆违法随手拍等10余项志愿者服务和便民服务项目。综治单位、村(居)委会和民警可通过APP,随时发布社会求助、群防任务等任务,志愿者可自主选择感兴趣或者符合自身特长的服务任务,"抢单"接受并完成,形成"我为人人、人人为我"的共治共享格局。目前,"芗里芗亲"APP已注册志愿者28.4万余名,建立平安志愿者队伍355支,完成各类巡防任务27万余件,出动500余万人次,消费"芗里芗亲"积分26万余分,积分可用来换取商品。

同时,"反诈110""交通110"相继出现。近年来,漳州市整合公安、银行、电信资源,做大做强反诈骗中心,取得了打击电信诈骗犯罪破案数、查处违法犯罪人员数上升,立案数、群众损失数下降"两升两降"的显著成效;漳州市公安局立足实战、务求实效,创新建立交警特勤机动队,履行城区交通服务和应急增援等职能,战果显著。

漳州市副市长、公安局局长黄华安说,20多年来,特别是党的十八大以来,"漳州110"初心不改、忠诚为民,与时俱进、改革创新,不断丰富和拓展"漳州110"的价值追求和精神内涵,受到群众的高度信赖和拥护。我们将牢记习近平总书记的殷切期望和深情嘱托,始终坚持以人民为中心的发展思想,始终坚持与时俱进改革创新,急群众之所急、想群众之所想,永远做"人民的110",永远无愧于"人民的保护神"的光荣称号。

(《人民公安报》2019年1月10日头版 记者:郑宗昌 韩志忠)

百姓不会忘记

解码创新社会治理的漳州模式
"2＋N"：践行新时代"枫桥经验"的新路径

进入新时代，公安机关如何发挥主观能动性，改进和提升创新社会治理能力？

8月6日，福建省漳州市委办公室、市政府办公室联合下发《关于推行"2＋N"模式暨"社区（乡村）110"的通知》。

作为新时代"漳州110"的精神的发源地，漳州市公安机关给出的答案是，坚持和发展新时代"枫桥经验"，大力弘扬新时代"漳州110"的精神，紧抓"枫桥式公安派出所"创建活动契机，深入实施城乡社区警务战略，在共建共治共享中开辟一条适应时代发展的社会治理创新之路。

更高水平的平安漳州建设如火如荼，人民群众的获得感、幸福感、安全感显著提升。据统计，今年上半年，漳州市群众安全感达98.23%，创近年新高。

"2＋N"——专职人员与群防力量相结合

"要充分发挥公安机关主力军作用，充分调动各方群防群治力量，全面推进'枫桥式公安派出所'建设。"漳州市副市长、公安局局长黄华安说。

7月16日，漳州市区发生一起飞车抢夺金项链的案件，警方迅速锁定了犯罪嫌疑人。7月25日2时许，民警联合"龙溪猎鼠队"，经过3个多小时蹲守、追击数公里，抓获犯罪嫌疑人1名。

这是一起在城乡社区网格治理"2＋N"模式下破获的典型案例。

据了解，漳州城乡社区网格治理"2＋N"模式暨"社区（乡村）

永做"人民的保护神"

110"中的"2"即"二员",指城乡社区农村的网格员和民警(辅警);"N"是指治安巡防队、法律援助队、志愿服务队等若干支专门队伍。

具体操作中,由所在社区(村居)"两委"成员担任的网格员和按"一社区(村居)一警(辅警)"配置的民警(辅警)发挥人熟、地熟、情况熟的优势,专职承担采集基础信息、收集社情民意、排查整治安全隐患、排查化解矛盾纠纷、宣传政策法律法规、代办公共服务等职责和任务,加上因地制宜组建的治安巡防队、法律援助队、志愿服务队等若干支专门队伍,组成城乡社区综合治理的一张大网,实现"矛盾不上交、平安不出事、服务不缺位"的目标。

"'二员'需要真正发挥作用,带领多个专门队伍做好平安建设工作。"7月23日召开的漳州市城乡社区网格治理现场会上,黄华安作出明确部署,"今年11月底前,漳州将在全市全面建立'社区(乡村)110',即城乡社区网格治理'2+N'模式。"

据统计,今年上半年,漳州市在连续3年刑事警情下降的基础上,刑事警情同比又下降20%、入室盗窃警情下降35%。

有效抓手——"枫桥经验"与漳州实际相结合

芗城分局是漳州市城区社区网格治理"2+N"模式的试点单位。

漳州市公安局副局长、芗城分局局长陈建生介绍,芗城分局建立"'2+3'社区110"模式,由当地巡防队员、物业保安、小区楼长、退役军人、人民调解员、律师等专业人员组成了110治安巡防队、110法律援助队和110志愿服务队,与社区网格员、民警(辅警)一起,编织起覆盖全市城乡的"和谐网""平安网""服务网"。

今年2月,平和县芦溪镇开始运行"乡村110"网格治理工作模式。作为漳州市乡村网格治理"2+N"模式的试点单位,平和县公安局推行"'2+2'乡村110"模式,以行政村网格员、一村一辅警力量为

百姓不会忘记

核心,建立由治安巡防队和法律政策服务队组成的"二队",全面推动网格治理工作。

"只要群众有需求,就近找'社区(乡村)110'就能得到有效满足。"黄华安说,"城乡社区网格治理'2+N'模式,是我们全面推进'枫桥式公安派出所'创建的有效抓手。"

创建"枫桥式公安派出所"活动伊始,漳州市公安局成立了由黄华安担任组长、其他党委成员为副组长的创建"枫桥式公安派出所"活动领导小组,制定了创建工作方案,提出了明确要求。

矛盾纠纷有人化解,违法犯罪有队伍打击,服务群众更加贴近。

依托城乡社区网格治理"2+N"模式暨"社区(乡村)110",漳州市公安机关把百姓身边的小事、急事、难事解决在家门口,把社区治理的痛点、难点、堵点化解在第一线,推动社区、乡村更加和谐稳定发展。

治理创新——基层警务与党务政务相结合

"兼任社区党支部副书记后,社区民警深扎社区、服务群众,老百姓看到警察也不陌生了。我们更能融入群众之中,这才是真正的警民一家亲。"林宏华说。

林宏华是芗城分局西桥派出所华南社区警务室民警。她的另一个职务是华南社区党总支副书记。

2018年8月,芗城区推出强化社区警务八项措施,48名社区民警进社区兼任党支部副书记。

"她不仅仅是我们的林警官,更是我们的林副书记。"家住华南社区的陈奶奶说,"有了党组织和民警,我们心里更踏实。"

一个职务的变化,将社区民警进一步变成"自家人"。

"有了'2+N'模式,平安建设的力量更加多元、基础更加牢固、

永做"人民的保护神"

效果更加显著。小事不出居委会、大事不出街道,这样的社区才能更加平安和谐。"林宏华说。

将基层警务融入党务、政务,为基层治理的能力提升打开新途径。

在7月23日召开的漳州市城乡社区网格治理现场会上,漳州市委副书记、政法委书记阮开森要求,全市要以此为抓手,全面推进基层治理能力的有效提升。

"目前,按照公安部和福建省公安厅相关要求,我们已在全市范围内落地社区民警兼任社区(村)党支部副书记制度,并产生了良好的效果。"黄华安表示,"我们要大力弘扬新时代'漳州110'的精神,坚持和发展新时代'枫桥经验',依托'2+N'模式,充分发挥社区群防群治力量,不断推进基层社会治理创新。"

(《人民公安报》2019年9月3日头版头条 记者:王传宗 韩志忠)

百姓不会忘记

30年来，福建漳州110坚守为民情怀，永做人民的110

"有困难，找110"，如今耳熟能详的一句话，源自福建漳州。

1990年12月，漳州在110报警台基础上增加"服务"二字，在全国首创"110报警服务台"和快速反应机制，开启了维护治安与服务群众并重的先河，"110"这个号码就此为百姓所熟知。

"一心为民，永做人民的110"，30年来"漳州110"的庄严承诺不改，始终坚守为民情怀。

"人民的满意就是我们最大的心愿"

7个人、3支枪、一辆三轮摩托车……1990年，"漳州110"在这样简陋的条件中建立。当年10月23日，漳州芗城区一名孕妇报警求助，称其要分娩了，可丈夫外出，当地又举目无亲。"漳州110"接警后及时将其送入产房，孕妇顺利生产。

事情虽小，却引发了全队内部大讨论："警察到底是干什么的？警察的职责是打击犯罪、维护治安。送孕妇之类的事，我们要不要管？"

几天后，那名被救助的孕妇刚出院，就抱着孩子，拿着鸡蛋、红糖来到队里。"'漳州110'是我们全家的大恩人！"孕妇的一句话，让讨论有了答案。1990年12月，"漳州110"在原来110报警台的基础上增加"服务"二字，在全国首次发布"人民群众有困难，需要警察帮助的，均可拨打110电话"的公益广告。

"人民的困难就是我们的困难，人民的满意就是我们最大的心愿。从'110报警台'到'110报警服务台'，'服务'两个字，开启了人民警察职责的新篇章。"漳州市副市长、公安局局长林晓东表示。

永做"人民的保护神"

"'漳州110',还是一样好!"相隔11年,两次营救均赢得群众夸赞。2006年5月,超强台风"珍珠"来袭,地处低洼地的芗城区待御新村有数十名群众被积水围困。时任三中队中队长郑瑞钟带领队员逆水前行,"一个不落"将群众救出。2017年6月2日,漳州市3小时内降雨量达100毫米,待御新村再次被积水包围。六中队中队长游文明冒雨蹚水,从齐腰深的积水中,救出一名被困的残疾女孩。队员们连续作战,最终将所有受困群众转移至安全地带。

建队以来,"漳州110"总计112人次立功受奖,其中一级英模1人、二级英模5人次。42批次500余位民警无一人违纪违法。仅2016年以来,群众就给"漳州110"送来锦旗及感谢信947面(封)。

"一切都是为了更快一秒"

2020年12月24日8时23分,"漳州110"指挥中心接警,芗城区909医院内一辆电动车被盗。几分钟内,快速侦查启动,前端路面处民警及时调取周边监控传至后台。9时35分、9时45分,又接到两起电动车被盗案,经视频侦查,3起案件嫌疑人为同一人。11时7分,侦查发现嫌疑人通过呼叫货运小车转移电动车,后台随即进行车牌识别、联系货车司机,命令其将所拉电动车运回市区。11时43分,"漳州110"顺利拦截货车,现场追缴4辆被盗电动车。此时,距离接到首通报警电话仅过去3小时20分钟。

"快,是我们的生命线。一切都是为了更快一秒。""漳州110"大队长黄海强说,"更快更灵,就是要第一时间减少群众受到伤害,第一时间找到报警渠道,第一时间赶到事发现场,第一时间高效依法处置。"

更快更灵的"漳州110"如何炼成?30年来,改革创新的脚步从不停歇:1996年建立全天候巡防网络,变坐等接处警为就近接处警;

2000年实施巡指分离，完善点对点、扁平化指挥；此后，又率先实行110、119、122"三台合一"，创新"海上110"，率先实现110指挥体系"海陆并网"。

"与传统的以派出所为驻点不同，我们'永远在路上'。"黄海强介绍，漳州将市区划分为11个网格，同时在城区4个重点部位设置固定站勤点，派出警力在责任网格开展车巡、步巡，实现24小时全天候接处警和巡逻防控。"巡防模式下，一旦发生警情，警力可第一时间到场处置。"黄海强说，目前，"漳州110"5分钟内到场率86.04%，10分钟内到场率基本实现100%，"两抢"破案率达100%。

止于未发，是"漳州110"的又一特色：通过梳理重点区域、重点部位，主动调整警力部署，有效预防违法犯罪。黄海强介绍，如今漳州多发性侵财案件比2016年警务改革前下降46.2%。

今年1月1日，"漳州110"成立合成作战中心，整合刑侦、技侦等部门，推动从快接、快处到快侦、快破、快挽损的再升级。

"人人都是110"

2020年5月26日，芗城区岱山村网格员林伟雄接到"漳州110"的电话。原来，当天16时30分，芗城区发生一起手机被盗案，经摸排发现嫌疑人落脚在岱山村一带。

林伟雄通过排查很快锁定目标，27日22时，嫌疑人在林伟雄敦促下自首，被盗手机被成功追回。

这是一起"社区110"协助破案的典型案例。"社区110"是在"漳州110"基础上创新的城乡社区网格治理"2＋N"模式，"2"是城乡社区农村的网格员和民警，"N"是治安巡防队、法律援助队、志愿服务队等若干支专门队伍。

"群众有需求，可以就近找我们，既减轻了民警接处警压力，又

永做"人民的保护神"

增强了群众获得感、幸福感、安全感。"林伟雄说。

"以'漳州110'为抓手实现共治善治,我们希望人人都是110。"漳州市委书记邵玉龙表示,瞄准基层社会治理需求,"漳州110"辐射效应全面显现——设立"反诈110",健全完善反诈骗智慧信息系统;成立"交通110",与城管等部门联动,共同负担抢险救灾、应急增援等任务;建立"民生110",推动64个市直部门联勤联动,2019年受理有效事项59038件,及时查阅率100%,按期办结率99.99%,满意率99.46%;创立"民间110",研发推广"芗里芗亲"APP,汇聚4485支平安志愿者队伍29.4万人,设立10余项便民服务项目。

"以人民为中心、做人民的保护神,是'漳州110'的精神的核心内涵。"邵玉龙表示,"我们将以'漳州110'为代表,不断提高政府职能部门的服务水平,持续探索保护人民和服务人民的创新路径。"

(《人民日报》2021年1月10日　记者:钟自炜)

百姓不会忘记

守正创新"漳州110"打造升级版

【导语】1990年,"漳州110报警服务台"开通,在全国开创了维护治安与服务群众并重的先河。30多年来,"漳州110"坚守为民初心,持续打造升级版的"漳州110",增强了人民群众的获得感和安全感。

【解说】正在处警的是福建省"漳州110",在接到市民电动自行车被盗的报案后,"漳州110"通过多警种合成作战,不到3小时,就精准锁定了作案用的货车,从车中查获了被盗的4辆电动自行车。

【同期】福建漳州市民邹俊祥:漳州110太厉害了,随叫随到而且神速,非常感谢!

【同期】福建漳州市民谢淑卿:警察叔叔很好的,大拇指的。

【解说】1990年"漳州110"成立之初,就建立了快速处警机制,并将维护治安与服务群众并重,开通两个月内,仅靠7名民警,就处理了上百起警情,还送孕妇上医院,护送女工下班,成为漳州人民心

永做"人民的保护神"

中"工作最苦、坏人最怕、百姓最爱"的先锋警队。

【同期】原福建省漳州市公安局芗城分局治安巡逻中队民警陈春竹：作为公安机关，那都要急群众之所急。把群众的这些事情，先揽过来，然后能做的先做，不能做的再流通。

【解说】30多年来，"漳州110"在"快"和"服务"上持续发力，陆续推出24小时屯警街面、网格化巡逻接处警、建立主动预警机制等多项改革创新，每季度考核队员对城市道路的熟悉程度，进一步压缩到场的时间。在2020年11月，他们的一名队员，就靠着小区平面图，成功挽救了一名轻生女子。

【解说】如今，"漳州110"的5分钟内到场率达到80%以上，超过八成的警情现场就能完成处置。群众对"漳州110"接处警的满意率达到100%。

【同期】福建省漳州市公安局局长林晓东：我们漳州110不变的是，我们为民的初心；变的是为了创新发展，来积极地回应人民群众的新的期待。

【快评】永远做"人民的保护神"。

【解说】守护万家灯火，呵护一方平安。漳州110当好"人民的保护神"已经成为全国公安机关维护治安、服务人民的一面旗帜。人民警察为人民，在忠诚履职中彰显初心，在担当奉献中锐意创新，就能更好地担负起党和人民赋予的重大使命，为全面建设社会主义现代化国家做出新的更大贡献。

（2021年1月9日央视《新闻联播》文案）

百姓不会忘记

"漳州110"：快速反应、热情服务做好"人民卫士"

"收到！马上到！"

16时5分，"漳州110"闽南师大附中执勤点。接警后，福建省漳州市公安局巡特警支队直属大队26岁的民警张善纬，立即带领辅警出发。

16时10分，张善纬到达报警地点——福建医科大学附属漳州市医院门口。

16时20分，警情处置完毕，一起涉嫌故意损毁财物案件被顺利移交到辖区派出所。

警情5分钟内到场率达80%以上、10分钟内到场率达100%，群众满意率达100%。"漳州110"现代警务新机制日益成熟。

"漳州110"是人民群众对漳州市公安局巡特警支队直属大队的简称，其前身是成立于1986年的漳州市公安局芗城分局治安巡逻中队。"漳州110"是全国公安机关最早实行警务机制改革的基层单位，1990年引领全国建立110报警服务台和快速反应机制，实行巡逻与接、出、处警一条龙服务的警务机制，开创警务改革先河。1996年8月，公安部在漳州召开现场会总结推广其先进经验，推动全国各地开通110报警服务台，使110成为人民警察队伍的标志性品牌。1997年11月，国务院授予其"人民的110"荣誉称号。习近平同志在福建工作期间，多次亲临考察指导，并赞誉其为"人民的保护神"。

2020年是"漳州110"成立30周年。30年来，漳州"110"一直行走在为人民服务的大道上，成为"人民的保护神"。

在"漳州110"事迹展览馆里，有三面绣着"人民的110"的锦旗：一面是受助群众送的，一面是福建省委省政府颁发的，一面是国务院

永做"人民的保护神"

授予的,三面旗帜真实地展现了"漳州110"的为民初心。

不同的年代,不同的地方,相同的"漳州110"民警。"远亲不如近邻,近邻不如110""人民的保护神""人民卫士,一心为民"便是人民群众用来形容"漳州110"的话语。

更快、更准,造就更强。"漳州110"初创时期,实行不脱衣、不脱裤、不脱袜"值班三不脱"制度,为的就是出警能更快一秒。30年来,快速反应是"漳州110"的生命线,再快一秒成为"漳州110"始终奋进的动力。

"快速反应、热情服务"已成为"漳州110"的标签。近年来,他们坚持网格化、全天候巡防接处警模式,构建精准的巡防机制。在漳州市区主城区时刻保持16个梯队32名警力在街面巡逻接处警,县城区由巡特警反恐大队承担24小时全天候接处警和巡逻防控任务,最大限度将警力摆上路面。

近年来,"漳州110"还从百姓"需求侧"出发,从公安机关"供给侧"入手,不断增强服务群众的本领,努力为人民群众创造更有获得感、幸福感、安全感的生活体验。"漳州110"勤务机制转型升级为"主动预警,精细布警,多维接警,动中处警"和"智能化指挥、精准化服务、标准化执法、专业化建设"的"四警四化"现代勤务机制。2020年底,组建110合成作战中心,从"快派快处、快破快挽、快督快结、快奖快惩"8个方面入手,打造主责主业全链条快速精准作战体系,推动维稳安保、社会防控、打击整治、执法规范、队伍管理全要素创新发展,在更高起点上持续推进现代警务模式成熟定型。

漳州市12个县(市、区)全面实行"四警四化"警务新机制以来,全市巡特警年均接警11.38万余起,现场抓获犯罪嫌疑人800余人,现场抓获率不断提升。"咱们的110,随叫随到,真灵。"漳州市民吴全富点赞。

百姓不会忘记

打铁先要自身硬。"漳州110"成绩斐然：每年群众满意率均达100%；警队43批次520人无违法违纪，114人次立功受奖，49次获得省部级以上集体表彰，涌现出全国公安英雄模范6人次和一等功臣6人。

在"漳州110"的精神的感召和带动下，漳州社会治理体系不断呈现新局面，辐射引领出共治善治新格局。设立"反诈110"，健全完善反诈骗智慧信息系统；成立"交通110"，与城管部门联动，共同负担抢险救灾、应急增援等任务；建立"民生110"，推动64个市直部门联动公职，最大范围回应民生诉求；创立"民间110"，研发推广"芗里芗亲"APP，汇聚28万志愿者力量，开辟专群结合的新路子。

（《光明日报》2021年1月10日　记者：马跃华）

永做"人民的保护神"

人民至上　永做"人民的保护神"
——"漳州110"特别报道

1月6日,是黄海强就任福建省漳州市公安局巡特警支队直属大队("漳州110")大队长4周年的日子。清晨,值完夜班的黄海强洗漱完毕,整理好警服,再次来到"漳州110"事迹展览馆接受精神洗礼。"我们是人民警察,'人民'二字是信任、是责任,更是力量。"看着眼前的锦旗和队史资料,黄海强目光坚定。

从1990年"漳州110"初创时的7个人,发展到如今的240名警力——30年来,是什么吸引着黄海强和他的前辈们勇往直前、无私无畏?

自诞生之日起,"人民的困难就是我们的困难、人民的满意就是我们最大的心愿"激励着一代又一代"漳州110"民警倾心为民。

"人民的保护神。"1996年9月18日,时任福建省委副书记习近平的赞誉,为"漳州110"的改革和发展指明了方向。

"30年来,'漳州110'始终初心不改、本色不变,把'人民的保护神'镌刻在自己的旗帜上,恪尽职守、赤诚为民,忠实践行人民公安为人民的庄严承诺。"漳州市副市长、公安局局长林晓东说。

对党忠诚　秉持为民初心

在"漳州110"事迹展览馆序厅头顶处,有一个醒目的党徽。

"我志愿加入中国共产党,拥护党的纲领,遵守党的章程……"2020年7月29日22时,执勤交接班前,"漳州110"六中队队员陈玮的预备党员转正仪式,在其他队员的见证下庄严举行。

从入党积极分子,到正式加入中国共产党,陈玮的每一步都在"漳州110"这个集体中成长进步。

百姓不会忘记

讲忠诚、讲传承、仪式感、使命感……30 年来，从新警培训到队伍建设，"漳州 110" 始终将党性教育、忠诚教育摆在首位。

"那是 1996 年 10 月 21 日下午。"翻开泛黄的工作笔记，时任"漳州 110"副大队长、现任漳州市公安局国保支队副支队长康来勇回忆，"时任福建省委副书记习近平专门到'漳州 110'看望慰问大家，很亲切、很随和，不仅实地参观了'漳州 110'事迹展览馆，还与我们亲切座谈，教育我们要一辈子为人民服务。"

牢记嘱托，不负殷殷期望。

"30 年来，我们始终坚持党性至上，突出政治建设生命线，传承好警队红色基因，将对党忠诚、公安姓党内化于心、外化于行。"林晓东表示，进入新时代，"漳州 110"始终坚持以人民为中心，更加注重群众的需求和体验。

警情就是命令，号令就是行动。

永做"人民的保护神"

"人民的保护神""一辈子为人民服务"——习近平同志的嘱托引领"漳州110"阔步前行。

一脉相承　践行为民宗旨

1月6日9时,记者跟随"漳州110"四中队民警徐毅、辅警林立维巡逻组上路执勤。

"国贸润园小区一住户窗户冒烟,请前往处置。"9时30分许,指挥中心传来指令。5分钟后,他们抵达现场。经查,冒烟系装修工人正在切割建材导致,"一场虚惊"。

更快一秒,是"漳州110"的不断追求。

黄海强说,如今,"漳州110"的警情5分钟内到场率达80%以上、10分钟内到场率达100%,群众满意率达100%。

1985年5月1日,漳州市公安局安装了110盗警电话。1990年5月,原刑警队"110盗警"电话迁移至治安巡逻中队,8月1日正式开通110报警台,"漳州110"正式成立。同年12月,漳州市公安局为"110报警台"增设服务功能,在全国首创"110报警服务台"和快速反应机制,开启了维护治安与服务群众并重的先河。

被洪水围困时有"漳州110",老人孩子走失时找"漳州110",被传销组织围困时有"漳州110",生命财产安全受到威胁时找"漳州110"……

"远亲不如近邻,近邻不如'漳州110'"——这句享誉漳州的民谚昭示着"漳州110"30年的倾心为民之路。

"漳州110"事迹展览馆里,有3面绣着"人民的110"的锦旗:一面是辖区群众送的,一面是福建省委省政府颁发的,一面是国务院授予的,共同构成了一幅为民的生动画卷。

"这里一共有400余面各界群众赠送的锦旗。"黄海强指着展馆

百姓不会忘记

顶部颇为壮观的锦旗阵说,"还有很多实在挂不下了。"

30 年砥砺奋进,30 年创新发展。

30 年来,六任大队长一任接着一任干,一锤接着一锤敲。历届漳州市公安局党委也都高度重视"漳州 110"队伍传承发展,始终高看一眼、厚爱一分,切实强化"漳州 110"班子建设和队伍建设。

"人民的 110"——创业与成长、传承与发展、弘扬与飞跃,30 年里,"漳州 110"始终将为人民服务的宗旨牢记心间。

砥砺奋进　打造为民警队

"当时,时任福建省委副书记习近平特别指出,'漳州 110'的群体素质高。"从书柜里找出当年的报纸,邹南清的记忆被拉回到 20 多年前。

退休前,邹南清是《福建日报》记者。1996 年 10 月 21 日,时任福建省委副书记习近平看望慰问"漳州 110"。第二天,《福建日报》一版刊发了他采写的新闻稿。

高素质来自严格管理、严格训练和严格要求。

从成立之日起,"漳州 110"就按照革命化教育、军事化管理、正规化训练、制度化约束的要求,出台 17 种制度 37 条"铁规"。

"'漳州 110'始终把纪律规矩作为队伍建设的重点工作抓早抓小,通过抓点滴促养成,抓养成促作风,抓作风促纪律,抓纪律促战斗力。"林晓东介绍。

据统计,成立 30 年来,"漳州 110"先后 48 次获得省部级以上集体表彰,43 批次 520 位民警无违纪违法,114 人次立功受奖,涌现出一批全国公安系统英雄模范和全国先进典型。

"漳州 110"民警平均年龄 30 岁,如何引导民警尤其是新警克服"本领恐慌"是个大课题。

永做"人民的保护神"

"漳州110"教导员张斌介绍，"漳州110"制定了详细的训练计划，每支备勤中队备勤休息都会严格按照相关要求开展训练。

1月6日恰逢八中队备勤，中午时分，队员们纷纷来到训练馆，先"撸铁"，再对打，然后是模拟科目训练，个个练得满脸通红、汗流浃背。

"漳州110"尤为重视忠诚教育和行为习惯的养成。

张斌介绍，"漳州110"从初创时期，就不断强化基础体能考核、内务夺标竞赛、执法资格考试竞赛等，定期对队员个人思想状况进行跟踪记录，每月还会进行一次谈心家访，动态掌握队员思想状况的同时，还可以了解队员的实际困难，便于更精准地爱警惠警。

"漳州110"的历史就是一部以人民为中心的奋斗史、发展史。

"我们将牢记习近平总书记'人民的保护神'的重要嘱托，认真践行习近平总书记重要训词精神，始终把坚持人民至上、追求人民满意作为根本价值追求，不断满足人民群众新需求、新期待。"林晓东表示。

（《人民公安报》2021年1月9日头版头条　记者：王传宗　韩志忠）

百姓不会忘记

荣誉榜

全国级

1997年11月被国务院授予"人民的110"。

1999年9月被中央文明委授予"全国创建文明行业工作先进单位"。

2003年3月被中央文明委授予"全国创建文明行业工作先进单位"。

2005年1月、2009年1月、2011年12月、2014年、2017年11月、2020年被中央文明委授予"全国文明单位"。

2009年8月被中组部、中宣部、人力资源和社会保障部、国家公务员局授予"全国人民满意的公务员集体"。

1995—2005年（连续11年）被共青团中央、公安部授予"全国青年文明号"。

1996年5月被中华全国总工会授予"全国五一劳动奖状"。

1996年5月被公安部授予"集体一等功"。

1996年7月被中共中央组织部授予"全国先进基层党组织"。

1997年5月被中华全国总工会等授予"全国职业道德建设先进单位"。

1998年8月被中共中央宣传部、解放军总政治部授予"全国军民共建社会主义精神文明先进单位"。

1999年7月被中华全国总工会等授予"全国职工职业道德建设十佳单位"。

2000年1月被团中央等授予"中国十大杰出青年志愿者服务集体"。

永做"人民的保护神"

2001年6月被团中央、公安部等授予"全国杰出青年文明号"。

2003年被团中央授予"全国五四红旗团支部"。

2004年7月被共青团中央、公安部授予"全国青年文明号十年成就奖"。

2006年8月被公安部授予"集体一等功"。

2006年12月被公安部授予"全国接出警工作先进单位"。

2017年5月被公安部授予"全国公安优秀基层单位"。

2020年被公安部授予"集体一等功"。

2021年1月被中共中央宣传部授予"时代楷模"。

2021年5月被共青团中央、全国青联授予"中国青年五四奖章集体"。

省级

1996年7月被中共福建省委、省人民政府授予"人民的110"。

1997年7月、1999年7月被中共福建省委授予"先进基层党组织"。

1998年2月被中共福建省委、省人民政府授予"福建省第六届文明单位"。

1998年2月、2000年12月、2002年3月被中共福建省委、省人民政府授予福建省首届、第二届、第三届"创文明行业，建满意窗口"竞赛活动先进单位。

2000年2月被中共福建省委、省人民政府授予"福建省第七届文明单位"。

2003年6月被中共福建省委、省人民政府授予"全省'严打'整治斗争先进集体"。

1994—1996年被省人事厅、省公安厅授予"全省优秀科所队"。

1994—1995年被团省委、省公安厅授予"全省青年文明号"。

1995年5月被省委宣传部、省总工会等授予"福建省十佳职业道德建设先进单位"。

1995年9月被省总工会授予"全省五一劳动奖状"。

1996年12月被省委政法委授予"1996年度全省严打工作先进集体"。

1997年1月被省委政法委授予"福建省'敬业爱岗为民树形象'活动先进集体"。

1999年3月被省综治办、省未保委、省公安厅、省教委授予"福建省中小学校园治安综合治理工作先进单位"。

2000年4月被省政法委、省人事厅授予"全省人民满意政法单位"。

2000年5月被省人事厅、省联动办授予"福建省110社会服务联动工作先进集体"。

2002年4月被团省委、省公安厅授予福建省"优秀青少年维权岗"。

2002年7月被省委组织部、省委宣传部、省委文明办、省人事厅授予福建省"人民满意的公务员集体"。

2002年9月被省公安厅授予"省公安机关、武警部队警务技能综合演练优胜单位"。

2003年8月被团省委授予福建省"五四红旗团支部"。

示范点、基地（全国级）

1996年12月被公安部授予"全国公安机关'为人民服务，树公安新风'竞赛活动示范点"。

1999年1月被中央文明委、公安部授予"全国精神文明创建活动示范点"。

2001年9月被全国青年文明号活动组委会授予"全国青年文明号信用建设示范创建单位"。

永做"人民的保护神"

2006年12月被公安部授予"全国公安巡警'三基'工程建设的典型示范单位"。

示范点、基地（省级）

1997年2月被福建省委政法委授予"全省政法系统队伍建设联系点"。

1997年1月被省竞赛活动协调办公室授予"福建省'创文明行业、建满意窗口'竞赛活动示范单位"。

1997年7月被原省教委（现省教育厅）、团省委、省公安厅、省军区授予"福建省高校优秀学生骨干实践培训基地"。

1999年1月被省竞赛活动协调办公室"福建省'创文明行业、建满意窗口'授予竞赛活动示范单位"。

1999年1月被共青团福建省委、少先队福建省工作委员会授予"福建省雏鹰训练基地"。

2001年1月被中共福建省委省直机关工作委员会授予"福建省省直机关思想政治教育基地"。

2001年7月被省精神文明建设指导委员会授予"福建省'创文明行业、建满意窗口'授予竞赛活动示范单位"。

2002年6月被省文明委授予"福建省第三届'创文明行业，建满意窗口'示范点"。

2002年4月被省团委、省公安厅授予"福建省优秀青少年维权岗"。

2003年9月被省精神文明建设指导委员会授予"福建省'创文明行业、建满意窗口'竞赛活动示范单位"。

2004年4月被省精神文明建设指导委员会授予"福建省第四届创文明行业建满意窗口竞赛活动示范点"。

2011年12月被福建省文明办、红十字会授予"红十字爱心公益单位"。

百姓不会忘记

2013年4月被福建警察学院授予"实战教学与理论研究'漳州110'基地"。

2017年9月被授予"福建省高校优秀学生骨干实践培训基地"。

2019年7月被福建省关心下一代工作委员会授予"全省关心下一代传承红色基因教育基地"。

2019年10月被中国人民公安大学授予"实践基地"。

2020年10月被福建省委宣传部授予"习近平新时代中国特色社会主义思想实践示范基地"。

2021年10月被省委党史学习教育领导小组办公室授予"党史学习教育参观学习点"。

2021年3月被省委宣传部授予"福建省爱国主义教育基地"。

2022年1月被福建省少工委授予第二批"福建省红领巾校外体验示范基地"。

项目评选

2021年11月,"新时代110警务机制改革创新"项目被省委全面依法治省委员会办公室评为第一批"福建省法治政府建设示范项目"。

2021年12月,"漳州110"被授予"时代楷模"荣誉称号一事被省委全面依法治省委员会办公室、省委宣传部、省委政法委、省人大常委会办公厅、省司法厅、省法学会等评为福建省首届"十大法治事件"。

2022年4月,视频《战"疫"有我国泰"闽"安》在福建省"我和新时代国家安全"主题宣讲比赛中被中共福建省委国家安全委员会办公室、福建省国家安全厅评为二等奖。

2022月10日"新时代110警务机制改革创新"项目被中央全国依法治国委员会办公室评选为"第二批全国法治政府建设示范项目"。

181

永做"人民的保护神"

大事记

1990 年

5月,原刑警队"110盗警"电话迁移到漳州市公安局芗城分局治安巡逻中队。

8月1日,正式开通"110报警台",建立快速反应机制。

12月5日,"110报警台"改为"110报警服务台",开启维护治安与服务群众并重的先河。

1991 年

1月起,通过漳州电视台发布"人民群众有困难,需要警察帮助的,均可拨打110电话"的公益广告,并在各街道建立报警点。

12月起,实行巡警制度,在市区主要街区悬挂"巡警在您身边,有事请找巡警""巡警愿为您排忧解难"等公示牌。

1992 年

10月,福建省防暴会议在漳州市召开,推广漳州市公安局芗城分局治安巡逻中队的队伍建设经验。

百姓不会忘记

1993 年

8月,福建省公安厅、漳州市编制委员会分别批准,决定漳州市公安局芗城分局治安巡逻中队更名为漳州市公安局芗城分局巡逻警察大队。

1994 年

2月5日,漳州市公安局芗城分局巡逻警察大队正式挂牌成立,大队确立以"人民的困难就是我们的困难、人民的满意就是我们最大的心愿"的初心,创立"有警必接、有难必帮、有险必救、有求必应""四有四必"社会服务承诺,人民群众称赞"远亲不如近邻,近邻不如110"。

1995 年

5月,漳州市文明办、市总工会、团市委、市妇联联合向全市发出学习"漳州110"的倡议。

5月,家住芗城区的叶柄松深夜遭遇车祸,得到110民警及时救助,痊愈之后送来了一面绣着"人民的110"的锦旗。

1996 年

3月,原市政协委员郑逸灵先生提出《关于表彰、爱护、支持漳州110巡警的建议案》,之后,全市掀起了向"漳州110"学习的热潮。

永做"人民的保护神"

8月,公安部作出《关于向福建省"漳州110"学习的决定》,并在漳州市召开全国城市110报警服务台建设工作漳州现场会。

9月18日,时任福建省委副书记习近平为"漳州110"题词"人民的保护神——题赠漳州110"。

10月21日,时任福建省委副书记习近平视察"漳州110"。

10月,"漳州110"建立24小时屯警街面全天候巡逻防范机制,变坐等接处警为主动就近接处警。

1997年

11月26日,国务院授予漳州市公安局巡警支队直属大队"人民的110"荣誉称号。

12月25日,公安部在北京召开表彰大会。

12月28日,福建省委、省政府在漳州市举行"贯彻国务院命名大会精神,深入学习'人民的110'"大会。

1998年

1月,漳州市正式启动了以"漳州110"为龙头,以工商、邮电、卫生、供电、供水等部门为共建单位的110社会服务联动机制。

1999年

7月,"漳州110"进行新一轮警务调整,实行全队投入四分之三的警力屯警街面,保证四分之一的警力集中教育、训练的勤务运作新

百姓不会忘记

模式，新设立6个巡逻停靠点，便利了民警巡逻停靠、社情民意收集反馈，有效提高社会治安防控能力。

2000年

10月，以漳州市公安局110指挥中心大楼落成为契机，"漳州110"队伍实体由芗城分局正式归建到市公安局，设立在"漳州110"的110报警服务台并入市公安局指挥中心，由指挥中心统一对巡逻接处警工作进行点对点、扁平化指挥；实行网格化巡逻接处警，建立起以110指挥中心为龙头、以巡特警为骨干、多警种协同作战、有机配合的快速反应机制。

10月，位于漳州市公安局3楼、面积500多平方米的"漳州110"事迹展览馆建成，并正式对外开放。

2001年

9月，"漳州110"被确定为"全国青年文明号信用建设示范创建单位"。

2002年

11月，漳州市委、市政府召开"国务院授予漳州市公安局巡警支队直属大队'人民的110'荣誉称号命名五周年"纪念大会。

永做"人民的保护神"

2003 年

1月,"漳州110"再次被中央文明委授予"全国精神文明创建工作先进单位"。

2004 年

9月,漳州市110、119、120报警服务台"三台合一"工作顺利试运行。

2005 年

7月,率先将公安海上110纳入全市公安机关110指挥系统网络。

2006 年

8月,福建省公安厅、漳州市委、市政府在漳州宾馆会议中心隆重召开向"漳州110"学习十周年纪念大会。

2007 年

1月,公安部授予"漳州110"全国公安机关110接处警工作先进集体。

百姓不会忘记

2009 年

1月,"漳州110"再次荣膺全国文明单位。

8月,"漳州110"被中央组织部、中央宣传部、国家人力资源和社会保障部、国家公务员局授予全国"人民满意的公务员集体"荣誉称号。

2010 年

1月起,"漳州110"扩大巡逻辖区,延伸至漳州市龙文区蓝田镇、步文镇和蓝天经济开发区等地。

2012 年

6月,启动综合警务改革,将"漳州110"民警融入派出所之中,推动"漳州110"优良传统移植到派出所,使"漳州110"的精神传承定位在基层,变警种"110"为全警"110"。

2016 年

7月,举行"漳州110"新一轮警务改革启动仪式,按照管控立体化、作战合成化、支撑信息化、服务精准化、执法规范化、队伍正规化要求,着力打造"漳州110"升级版。

9月,福建省公安厅、漳州市委、市政府隆重召开向"漳州110"学习二十周年纪念大会。由中国人民公安大学、中国警察协会、公安

永做"人民的保护神"

部公安发展战略研究所、福建省公安厅主办,漳州市公安局承办的警务机制主题论坛召开。

2017 年

8月,漳州市举行12345便民服务平台暨"芗里芗亲"APP启动揭牌仪式,原12345政府热线改进提升为12345便民服务平台,为漳州老百姓量身打造"芗里芗亲"APP,实现"互联网＋群防群治"和"110＋为民服务"的有机结合。

2018 年

12月,公安部组织调研组深入漳州市调研新时代"漳州110"事迹。

2019 年

1月14日,公安部作出《关于新时代"漳州110"坚持"以人民为中心 做人民的保护神"先进事迹的通报》。

2月27日,漳州市委作出《关于深入开展向新时代"漳州110"学习活动的通知》。

3月10日至11日,福建省公安厅在漳州市召开全省公安机关学习推广新时代"漳州110"现场会。

4月8日,中共福建省委办公厅、福建省人民政府办公厅下发《关于新时代"漳州110"先进事迹的通报》。

7月9日,福建省公安厅作出《关于学习推广新时代"漳州110"

百姓不会忘记

出警模式的指导意见》，在全省深入推广"漳州110""四警四化"警务机制。

7月，打通110与12345、12319、12348三平台"三方通话""系统流转"通道，全市新版接处警系统暨"互联网＋接处警"平台完成割接工作。

8月，漳州市推行城乡社区网格治理，"2+N"模式暨"社区（乡村）110"，打造共建共治共享基层社会治理格局。

12月，"四警四化"警务机制创新项目获公安部创新成果大赛正向激励类第一名、漳州市改革创新项目第一名、福建省改革创新项目评比第二名。

2020 年

1月，在全国公安厅局长会议上，公安部号召全国公安机关弘扬新时代"漳州110"的精神，积极探索建立同市域、县域社会治理现代化和城乡基层治理体系相适应的新型警务机制。

12月，"漳州110"启动第七次警务机制改革，从编制序列、运转模式、考评方式等方面全面构建适应漳州市公安机关全息作战体系下的新型勤务模式。

2021 年

1月10日，在首个中国人民警察节来临之际，"漳州110"被中宣部授予"时代楷模"荣誉称号。

1月12日，省公安厅作出《中共福建省公安厅委员会关于开展向

永做"人民的保护神"

"时代楷模""漳州110"学习活动的决定》。

2月7日,漳州市委作出《中共漳州市委关于开展向"时代楷模""漳州110"学习活动的决定》。

2月26日,福建省委作出《中共福建省委关于开展向"时代楷模""漳州110"学习活动的决定》。

5月,"漳州110"授予"中国青年五四奖章集体"。

11月,在全息作战体系下,"漳州110"改革创新成果全面显现,快速反应和追赃挽损效能进一步提升,漳州"创新110警务机制改革"项目被列为第一批福建省法治政府建设示范项目。

12月,"漳州110"被授予"时代楷模"荣誉称号获评福建省首届"十大法治事件"。

2022年

1月10日,副省长、省公安厅党委书记、省公安厅厅长黄海昆,省公安厅党委班子成员,市委书记张国旺和市长王进足等市领导,民警代表,共计200余人在"漳州110"基地隆重举行第二个中国人民警察节系列活动。

4月15日,视频《战"疫"有我·国泰"闽"安》在福建省"我和新时代国家安全"主题宣讲比赛中荣获二等奖。

5月11日,"漳州110"作为全省优秀青年集体代表,在福建省学习贯彻习近平总书记在庆祝中国共产主义青年团成立100周年大会上的重要讲话精神座谈会上,作了主题为"牢记新时代青年民警使命 永做'人民的保护神'"的交流发言,得到省委书记尹力等与会省领导高度肯定。

百姓不会忘记

8月30日,在《中国这十年·福建》主题新闻发布会上,省委书记尹力表扬"漳州110"等一批时代楷模战斗堡垒作用和先锋模范作用充分发挥。

10月10日,新时代110警务机制改革创新被中央全国依法治国委员会办公室评选为"第二批全国法治政府建设示范项目"。